JN025408

落合仁司［著］

ソシュール、ラカン、ドゥルーズ

構造主義の数理

ミネルヴァ書房

は じ め に

　本書は，構造主義と呼ばれる，ソシュール，ラカン，ドゥルーズの3世代にわたる思想を読み，そこに潜在する数理を顕在化させる。いかにも類例を見ない本書は，読者を人間の受動性の数学さらには哲学に導くだろう。

　本書を読むに当たって，哲学の知識も数学の訓練も必要ない。自分の人生を省みる動機と時間があれば十分だ。必要な哲学も数学も本書の中で初歩から丁寧に説明する。本書を読むことによって，あなたの人生の見方に何かが付け加わるならば幸いである。

　本書は著者9冊目の書き下ろしである。9冊目にしてようやく書いてよかったと思えるものが書けたと思う。本書の原型は著者の同志社大学と京都大学における講義である。最初に聴いていただいた両大学の院生学生諸君に感謝せねばならない。本書の出版はミネルヴァ書房の編集者中川勇士さんによる。記して感謝したい。

　2019年10月

　　　　　　　　　　　　　　　　　落 合 仁 司

構造主義の数理

——ソシュール、ラカン、ドゥルーズ——

目　次

はじめに

第**1**章　愛した，読んだ，過ぎた ……………………… 1

　　1　愛した，読んだ，過ぎた　2

　　2　欲動，構造，仮象　5

　　3　多様体，構造群，商空間　10

第**2**章　ソシュール ……………………………………… 15

　　1　ソシュールとその時代　16

　　2　シニフィエとシニフィアン　18

　　3　差異の体系　22

　　4　ラングとパロール　28

第**3**章　ラカン ………………………………………… 35

　　1　ラカンとその時代　36

　　2　無意識の主体 S　37

　　3　大文字の他者 A　42

　　4　対象 a あるいは自我 a'　47

第**4**章　ドゥルーズ …………………………………… 51

　　1　ドゥルーズとその時代　52

　　2　反　復　53

　　3　差　異　57

　　4　見せ掛け　63

第5章　多様体，構造群，商空間 ……………………67

　　1　位相，代数，順序　68

　　2　同値類　74

　　3　軌　道　76

　　4　ファイバー　78

　　5　欲動，構造，対象　84

第6章　リー群 ………………………………………89

　　1　線型群　90

　　2　直交群　97

　　3　ユニタリ群　104

第7章　球　面 ……………………………………113

　　1　1—球面　114

　　2　メビウスの帯　121

　　3　3—球面　124

第8章　射影空間 …………………………………133

　　1　実射影空間　134

　　2　交差帽　140

　　3　複素射影空間　144

第**9**章　受動性，数理メタファー，生きられた時……153

　　1　数理メタファー，他の読み，実証科学　　154

　　2　生きられた時，過ごされた時，民主主義　　155

　　3　受動性，私の愛，能動性　　157

文献一覧……161

索　　引……163

第1章

愛した，読んだ，過ぎた

1　愛した，読んだ，過ぎた
2　欲動，構造，仮象
3　多様体，構造群，商空間

1 　愛した，読んだ，過ぎた

　哲学をどこから書き出すか。この問いは見掛け以上に深い意味合いを持っている。それは哲学が何によって立つかという問いを含んでいるからである。哲学は他の諸学分けても科学と同じ面と違う面を持つ。哲学は科学と同じように概念の体系である理論を構築する。しかし哲学はその理論の是非を科学のように実験や調査やデータ解析といった実証によって決定することはできない。それができるならば哲学を科学と区別する理由は存在しない。それでは哲学は自らの理論の是非を何によって決定するのか。

　自らの経験，体験による他はない。哲学は自らの生きられた経験 l'expérience vécue，生きられた時間 le temps vécu，生きられた世界 le monde vécu によって自らの理論を検証する。哲学は科学のように自らとの関係を遮断して収集されたデータの解析ではなく，自己自身の経験の反省，自省，内省によって立つ。これを現象学的方法と言い募りたくなる向きもあるに違いない。しかし自らの構築する概念の体系の是非を決定する方法に，自らの外部のデータ解析と自らの内部のデータ分析の二つを考えるのはきわめて自然である。人間は環境に適応すると同時に自己を反省する。

　したがって哲学の書き出しは自らの経験の反省からである。たとえばこう考えてみたらどうだろう。あなたは自らの人生において何を経験してきたと考えているか。あなたの人生とは言葉で表わすとすれば何だったと言えるのか。こういう問いはむしろ人生

の最後に相応しい。自らの人生を省みて何だったのかと言い表わす，そのような言表を墓碑銘 épitaphe と言うのではなかったか。もちろん墓碑を作る必要は全くない。自然葬で十分だ。問題は自らの人生を言葉で言い表わすことである。

　自らの経験，僕の経験を書く他はない。僕の墓碑銘は，

　　　　　　　愛した，読んだ，過ぎた

である。後の議論の必要からフランス語でも書いておこう。僕の épitaphe は，

　　　　　Je l'aimais, Je lisais, Je passais

である。あえて発音をカタカナにすれば，

　　　　　ジュレメ，ジュリゼ，ジュパセ

となろう。もちろん意味は最初に書いた日本語の通りだ。

　僕は愛した。僕の人生の中で愛は最も強烈な経験だった。僕は何を愛したか。フランス語の Je l'aimais には愛の対象 la あるいは le が言及されている。フランス語の愛する aimer という動詞は他動詞で対象 objet を要求するからだ。la は女性名詞で表わされる対象，le は男性名詞で表わされる対象である。もちろん人間の女や男やその部分も含まれるが，女性名詞あるいは男性名詞で表わされるものであれば何でもよい。LGBT はもとよ

3

りあらゆる型のフェティシズムが含まれる。愛の対象は多様だ。

　僕は読んだ。僕の人生の中で読むことは仕事，職業だった。読むことはテクストを解釈する作業である。テクストは書かれただけでは完結せず読まれること，解釈されることによって初めて完成する。しかし同時に読むこと，解釈することは新しいテクストを書き下ろすことを惹起する。テクストを読みその読みを書くことによって新しいテクストが生まれる。こうして僕はいま9冊目のテクストを書き下ろしている。これが僕の仕事だ。

　ただ僕の場合，ただ一つのあるいはただ一人のテクストを読んでその読みを書くのではない。ただ一人のテクストを読み込んでその解釈を書く人を専門家と呼ぶ。僕は専門家ではない。僕は複数のテクスト，それもきわめて遠くにあると思われている複数のテクスト，たとえば哲学と数学のテクストを読んで，その読みそれもそれぞれのテクストの読みが交錯する読みを書く。それが僕の仕事だ。

　僕は過ぎた。僕の時は過ぎた。僕の人生で大切なことは愛することと読むことだったが，他のこと，たとえば寝たり食べたりもした。それら全てのことを含めて僕の人生，過ごされた時 le temps passé は過ぎた。フランス語の動詞 passer には，自動詞，過ぎると他動詞，過ごすの二つの用法がある。他動詞，過ごすは対象を要求する。たとえば時を過ごす passer le temps である。前出 le temps passé の passé は passer の過去分詞で，これを自動詞と取れば le temps passé は過ぎ去った時，他動詞と取れば過ごされた時となろう。僕の過ごされた時は過ぎ去った。

　この愛した時間も読んだ時間も含む過ぎた時間，過ごされた時

le temps passé が，僕の生きられた時間 le temps vécu であり，生きられた経験 l'expérience vécue であり，生きられた世界 le monde vécu であり，失われた時 le temps perdu である。僕の思考はこの過ごされた時から出発し，精神分析や言語学や哲学や，幾何や代数や関係やの概念の交錯した体系を構築し，その是非を確かめるために再びこの過ごされた時に回帰する。「過ごされた時を求めて À la recherche du temps passé」である。

2　欲動，構造，仮象

　愛することとはどういうことか。愛は人間を駆動する最も強い欲動である。欲動という言葉を初めて聴く向きもおられるかも知れない。欲動とは，フロイトが人間の行動を決定する最も重要な因子と考えた Trieb のフランス語訳 pulsion の日本語訳で，人間の行動を自らには制御しえない無意識の層から駆動し，決定するものである。フロイトのフランス語訳者たちは，拍動，脈動，パルスを意味する語根 –puls– からこの言葉を造語した。愛がビートを刻み，脈打ち，波のように迫り来る欲動 pulsion であるとは，フランス人訳者の面目躍如ではないか。

　言うまでもなく愛は人間とともに，あるいは生命とともに太古から存在する。愛が人間を，さらには生命を駆動する欲動であることは誰もが気づいていた。しかし愛の欲動が人間を駆動する決定的な要因であることを明示的に述べるのは，20世紀初頭のウィーン，ジークムント・フロイトを待たねばならなかった。ここでパテントを争いたいのではない。愛の欲動に決定的な位置を与え

た人間理解，精神分析の理論を創始したのがフロイトだったと言いたいだけである。爾来，愛を語る時に精神分析を避けて通ることはできない。

このフロイトの精神分析をフランスに導入し，後に述べる構造主義と融合させて，フランスの精神分析を確立したのが，フランス現代思想の主要なフィギュアの一人，ジャック・ラカンである。ラカンはフロイトの中心概念である欲動を無意識の主体Ｓと呼んで自らの理論の重要な位置に据えると同時に，後に述べるソシュール以来の構造の概念を大文字の他者Ａと呼んで無意識の主体Ｓと並ぶ地位に置いた。ラカンに特徴的なことは，無意識の主体Ｓすなわち欲動の対象ａという概念である。愛の対象ａの多様性はラカンにとって本質的だった。

愛すること，それは僕の過ごされた時において大切なことだった。その愛することを反省して行くと，欲動の概念が見出され，フランス現代思想の主要なフィギュアの一人，ラカンに辿り着いた。僕の愛の反省はラカンを読むことに至る。

それでは読むこととはどういうことか。読まれるテクストは言語で書かれている。何を当たり前なことをと思われるかも知れないが，テクストが言語で書かれていることは読むことの本質に関わる。ある言語で書かれたテクストを読むためには，その言語が読めねばならない。ある言語が読めるとは，その言語の語彙や文法といったその言語のコードが身に付いており，その言語のコードに自在に従うことができることである。テクストはある言語のコードに従って書かれたメッセージである。読むこととはこのメッセージをその言語のコードに従って解読することの他ではない。

　この言語のコードこそ言語学の第一義的な対象であると喝破したのが，20世紀初頭のジュネーヴ，フェルディナン・ド・ソシュールだった。ソシュールはこの言語のコードをラングと名づけ，言語学はこのラングをまず対象にすべきだと説いた。ラングが概念と聴覚映像の恣意的に結合された記号の価値を互いの差異のみによって決定する体系であるという，ソシュール言語学の中心的な命題は後で詳しく述べる。ここではラングが差異の体系として把握されることになるという予告で充分である。この差異の体系が後に構造と呼ばれ，ソシュールはこの構造を発見した最初の人，構造主義の祖として顕彰される。

　このラング，構造に従って書くことあるいは読むことを，ソシュールはパロールと呼んだ。パロールはラングに拘束されて初めて可能になる。書くことも読むことも構造に拘束されることなしには成立しない。ラングに対するパロールを，構造に対する出来事と呼ぶことも多い。このラング，構造は人々の間に共有されている社会的事実であり，社会的事実は人々の行動を拘束することによってそれを初めて可能にする。ソシュールと一つ年下のエミール・デュルケームの思想は驚くほど近い場所にある。

　読むこと，それは僕の過ごされた時において愛することと共に大切だった。その読むことを反省すると，構造の概念が見出され，フランス現代思想の源流の一人，構造主義の祖ソシュールに行き着いた。ソシュールは依然として過去の人ではない。

　では過ぎることとはどういうことか。過ぎるとは時間が経過することである。もちろん過ぎるには空間を通過する意味もあるが，時間の経過と空間の通過は互換的である。

月日は百代の過客にして，行き交う年もまた旅人なり

　時間の経過は人もものもことも変化に曝す。時間の経過におい
て，不変の真実在を維持し，変化するかりそめの見掛けに抗うこ
とは困難である。もっともヨーロッパにおいて，いかなる時間の
経過にも決して変化しない真実在の存在を堅く信仰して止まなか
った思想がないわけではなかった。ホワイトヘッドをして全ての
哲学はその著作の解釈に過ぎないと言わしめたプラトンと，この
プラトン主義によって解釈されたキリスト教である。プラトンは
真なる実在をこの世界にもたらし，この現実の世界は真実在の像，
類似であると宣言した。キリスト教は神をこの世界にもたらし，
この世界分けても人間は神の像，類似であると宣教した。

　この真実在，神の存在にヨーロッパ思想史上初めて抗ったのが，
19世紀末の北イタリア，フリードリヒ・ニーチェだった。この世
界に真実在は存在せず，全ては見掛け，仮象に過ぎない。「神は
死んだ」，この世界の全ての存在者は，永遠に回帰する時間の経
過において，変化し続けるかりそめの見せ掛け，幻想である。こ
のニーチェの思想が，ラカンと同世代のピエール・クロソウスキ
ーによってフランスに導入され，フランス現代思想の第二世代，
分けてもジル・ドゥルーズに決定的な影響を与えることになる。

　人間は見せ掛け simulacre である。このドゥルーズの衝撃的
な思想は，フランス現代思想が人々を惹きつける理由であると同
時に人々に忌避される理由である。しかしこれまで見てきたよう
に，人間は，自らには制御しえない無意識の欲動に駆動されて行
動し，自らには社会的与件である言語の構造に拘束されて行動す

る。人間の行動は欲動と構造によって決定されている。これはたとえば人間は自らの意識的な目的を合理的すなわち効率的に達成すべく自らの行動を自由に選択すると考える，いわゆる合理的選択論が想定する人間像を真っ向から否定している。フランス現代思想は，人間はあたかも合理的に選択する自由な主体であるかのごとく見掛けられるが，その実体は欲動と構造に決定された何ものかであると考える。したがって人間は，合理的な主体ではなく，その見せ掛けに過ぎないという命題は，フランス現代思想のきわめて自然な帰結である。

　ところで見せ掛け simulacre と見掛け apparence は別の言葉であるが，しばしば互換的に用いられる。この apparence を哲学用語として訳したものが仮象である。仮象は日本語としてこなれていないが，たとえば人間は欲動と構造に決定される仮象であるといった哲学的表現に向いているので，本書では見せ掛け，見掛けとともに仮象を多用する。

　過ぎること，僕の過ごされた時が過ぎ去ったことを反省してみると，仮象の概念が浮かび上がり，フランス現代思想第二世代の旗手，ドゥルーズに行き着いた。後に見るようにドゥルーズは，フロイトそしてラカンから欲動の概念を，ソシュールそしてレヴィ＝ストロースから構造の概念を，ニーチェそしてクロソウスキーから仮象の概念を承け継ぎ，それらを一個の思想に精錬することによって，フランス現代思想の頂点に立った。

　愛すること，読むこと，過ぎることという僕の極私的に過ごされた時から出発して，僕たちは欲動，構造，仮象というフランス現代思想のキーワード，モクレに行き着いた。僕の過ごされた時

9

は，フランス現代思想の言葉たちに辿り着く他はなかったのである。

3　多様体，構造群，商空間

フランス現代思想を数理的に表現するとはどういうことか。フランス現代思想を数理的に表現することは必要なのか，可能なのか，何を帰結するのか。最初に確認しておきたいことは，フランス現代思想の当事者たち，ラカンもレヴィ＝ストロースもドゥルーズも，自らの思想が数理的に表現されることに強い関心を懐き，自ら数理表現に乗り出していたことである。

ラカンが自らの精神分析の諸概念を代数（マテーム）的さらには幾何（トポロジー）的に表現しようとしたことは有名である。なるほどラカンの数理表現にアラン・ソーカルの揶揄を招き寄せる隙があったことは否定できない。しかしラカンの数理表現には瞠目すべきものがあり，より深い数学的な吟味が必要である。本書の後半二つの章は，このラカンの数理表現の数学的に一貫した可能性を開示する。

レヴィ＝ストロースが処女作『親族の基本構造』に，同世代のフランス数学を代表するアンドレ・ヴェイユによるオーストラリア先住民の婚姻規則を代数の群で表現した章を挿入したことも周知であろう。レヴィ＝ストロースの構造概念はヴェイユを初めとする数学者集団ブルバキの構造概念と深く共振していた。

ドゥルーズの数理表現はより微妙である。後に述べる彼の哲学の基本概念の一つ，差異 différence は，微分 différentielle 概念

と通底している。彼は自らの哲学の展開に差異と微分の関係を存分に利用した。しかしこの展開が彼の哲学を理解するうえで最も難解な箇所であることも否定できない。ソーカルの揶揄からドゥルーズの哲学さらには数理表現をどのように救い出すか，本書が挑戦する開かれた問いである。

　フランス現代思想の当事者たちは，何故これほどにも数理表現に情熱を傾けたのだろうか。それは同時代のフランス数学のある運動が世界を席巻する勢いだったからではないか。ラカン，クロソウスキー，レヴィ＝ストロースたちと同世代のフランス数学は，ヴェイユを初めとする数学者たちの秘密結社ブルバキを結成し，数学の体系を根底から再編する『数学原論 Éléments de mathé-matique』シリーズを次々に書き下ろしていた。ブルバキ『数学原論』の影響は凄まじく，20世紀の数学の叙述の方法，さらには教育の方法に決定的な変化をもたらした。

　ブルバキ『数学原論』の基本的な発想は，数学を，言語と同様に，構造として捉えることにある。ブルバキは数学の基本構造として，順序構造，代数構造，位相構造の三つを挙げた。順序構造とは，反射律，反対称律，推移律で定義される順序関係の構造，代数構造とは，演算の内閉，結合律，単位元の存在，逆元の存在で定義される集合すなわち群の構造（及び群を部分として含む構造），位相構造とは，自らの部分集合の無限の合併が再び自らの部分集合であり，その有限の交叉もまた部分集合である集合すなわち位相空間の構造である。ブルバキはこれら3構造を，それぞれ関係，代数，幾何の基本構造と考えた。

　フランス現代思想の構造主義（いわゆるポスト構造主義を含む。

ポスト構造主義を構造主義から区別すべきいかなる理由も存在しない）は，フランス現代数学ブルバキの構造主義に決定的な影響を受けている。それが彼らの自然言語による諸概念を数理言語によって表現しようとする情熱を惹き起こしたのである。

　本書はこのフランス現代思想の数理表現への情熱がユーラシア大陸の凍土の壁を乗り越えて伝遷した結果である。そして本書はフランス現代思想の数理表現へのアメリカ大陸の科学主義者ソーカルの揶揄が不可能になるまで数理表現を洗練する。

　本書がフランス現代思想の数理表現のために用いる数理は，自らの部分集合（開集合と呼ばれる）がそれぞれユークリッド空間と同相（位相空間の開集合からユークリッド空間への連続写像とその逆写像が存在し連続であること）である位相空間としての多様体，その多様体に作用する群としての構造群，多様体を構造群の作用によって分割した同値類の集合としての商空間の3概念である。ただし同値類とはある集合を同値関係（順序関係の反対称律を対称律に置き換えた関係）によって分割したその部分集合であり，この同値類の集合を商集合あるいは商空間と呼ぶ。

　これら多様体，構造群，商空間の3概念は一纏めにしてファイバー束分けても主ファイバー束と呼ばれる。主ファイバー束という概念には，ブルバキの位相構造の例である多様体，代数構造の例である構造群，順序構造ならぬ（反対称律を対称律に置き換えた）同値構造の系である商空間の全てが顔を揃える。言わばブルバキの構造主義を丸ごと引き受けた概念である。

　フランス現代思想のキーワード，モクレは欲動，構造，仮象の3概念だった。本書はこの欲動を多様体で，構造を構造群で，仮

象を商空間で表現することを試みる。言い換えれば本書はフランス現代思想を主ファイバー束という数理で表現する試みである。

　この試みがこの第1章の記述で完全に理解できてしまった向きがおられるなら，以下の8章は冗長である。もしそうでないとすれば以下の8章は読者にかなり面白い物語をお聴かせできるだろう。続く第2章ではソシュール，第3章ではラカン，第4章ではドゥルーズへの僕なりの読みを書き記す。フランス現代思想のキーワード，モクレは欲動，構造，仮象であるという僕の読みは本当に適切なのだろうか。

　本書の中心である第5章では多様体，構造群，商空間の3概念を日本の中等教育の水準から出発して能う限り丁寧に解説する。主ファイバー束などという字面に怖気づいてはならない。数学は所詮数学だ。順を追って理解していけば理解できないことは何もない。そのうえで第5章では欲動を多様体，構造を構造群，仮象を商空間で表現するフランス現代思想の数理表現を提示しよう。

　続く第6章では構造群の例としてリー群，第7章では多様体の例として球面，第8章では商空間の例として射影空間を取り上げる。数学のどんなに抽象的な概念も具体例が命だ。数学者たちはいかにも抽象的な概念を操作する時，実は具体例を念頭に置いている。この第7章と第8章において，ラカンの数理表現が主ファイバー束という数理の地平に置いてみれば驚くほど適切な表現であったことが明らかになる。

　さていよいよ最後の問いである。欲動を多様体，構造を構造群，仮象を商空間で表現することによって何がもたらされ，一体どのような意味があると言うのか。第9章ではこの問いが問われる。

実はそれまでの8章でこの問いを問う手掛かりは全て与えられる。読者は8章までに与えられた手掛かりをもとにご自身なりの答えを考えてみていただきたい。そのうえで第9章を読むと僕の答えとの差異が明らかになるだろう。僕はいまその差異をそのまま肯定する他はないと思っている。

第2章

ソシュール

1 ソシュールとその時代
2 シニフィエとシニフィアン
3 差異の体系
4 ラングとパロール

1 ソシュールとその時代

フェルディナン・ド・ソシュール Ferdinand de Saussure (1857-1913) は20世紀初頭のジュネーヴにおいて，フランス現代思想の三つの源泉の一つ，構造 structure の概念を提示し，言語学に全く新しい方法，構造主義をもたらした。

このソシュールと同時代にフランス現代思想の他の二つの源泉も姿を現わす。ジークムント・フロイト Sigmund Freud (1856-1939) は同じ20世紀初頭のウィーンにおいて，欲動 pulsion の概念を発見し，精神分析と呼ばれる全く新しい方法を構築した。フリードリヒ・ニーチェ Friedrich Wilhelm Nietzsche (1844-1900) はそれより少し遡る19世紀末の北イタリアにおいて，仮象 apparence の概念を剔抉し，全く新しいニヒリズムの到来を告げた。

これらほぼ同時代に現われた構造主義，精神分析，ニヒリズムは，第4章ドゥルーズの章で詳しく見るように，それぞれヘーゲルによる自由の弁証法的発展としての歴史理解，デカルトによる合理的に思考する主体としての人間理解，プラトンによる真なる実在としての存在理解に真っ向から挑戦する。自由や合理主体や真理がヨーロッパ近代の旗印であったことを想い起せば，19世紀末から20世紀初頭のソシュールやフロイトやニーチェらの試みは，このヨーロッパ近代に対する懐疑，脱近代への嚆矢と言ってよいだろう。フランス現代思想は，彼らによるヨーロッパ近代への懐疑の正統な継承者，それゆえに脱近代（ポストモダン）派と呼ば

れる。

　ソシュールに話を戻せば，これから詳しく述べる彼の構造の概念，差異の体系としてのラングの概念は，一歳年下のエミール・デュルケーム Émile Durkheim (1858-1917) の社会的事実 le fait social の概念と深く呼応している。デュルケームがソシュールを読んで社会的事実の概念を発想した可能性は，テクストの出版順序からしてきわめて薄いが，ソシュールの構造の概念にデュルケームの社会的事実の概念が影響を与えた可能性は否定できない。実際，後に見るように，ソシュールはラングの説明において社会的事実の概念を使用している。ただしデュルケームを引用しているわけでは一切ない。

　いずれにせよこの時代のフランス語圏において，ドイツ語圏と同様に，近代的な自由や合理主体や真理への懐疑が彷彿と湧き上がってきたことは明らかである。この運動にソシュールの二歳年下，デュルケームの一歳年下のアンリ＝ルイ・ベルクソン Henri-Louis Bergson (1859-1941) を加えても異存はあるまい。ベルクソンの思想は，本書では取り上げないが，ドゥルーズの思想に深い影を落とすことになる。

　フランス現代思想の数理表現を課題とする本書の立場から見れば，同時代のフランス数学の状況を看過するわけにはいかない。ソシュールの時代のフランス数学は，ジュール＝アンリ・ポアンカレ Jules-Henri Poincaré (1854-1912) に代表される。ポアンカレの仕事は多岐に渡るが，分けてもトポロジーと呼ばれることになる全く新しい数学を創始したことは特筆されてよい。トポロジーとはたとえば位相空間といった幾何学的な対象を群に代表され

る代数学的な対象によって表現する数学である。本書がフランス現代思想の数理表現に使用する数学，主ファイバー束は，通常このトポロジーの一つのトピックスとして分類される。ポアンカレのトポロジーがソシュールの構造，フロイトの欲動，ニーチェの仮象とほぼ同時代に誕生したことは果たして偶然の一致だろうか。

2　シニフィエとシニフィアン

　二人以上の人間間のコミュニケーション，差し当たり言語によるコミュニケーションを反省してみよう。発話者は何らかの伝達すべき思考，概念 concept［Saussure：76］を持っている。この概念はそれを担うあるいはそれを表わす聴覚映像 image acoustique［Saussure：76］と不可分に結合している。聴覚映像に表わされることなしに概念，思考は存在しない。

　ある概念とその聴覚映像の結合の仕方は，それぞれの言語において規則化されている。この概念と聴覚映像の結合の在り方のそれぞれの言語における規則を，その言語のコードと呼ぶ。したがって言語によるコミュニケーションにおいて発話者は，何らかの伝達すべき概念を，自らの使用する言語のコードに従って聴覚映像に表わす，すなわちエンコードし，概念と聴覚映像の結合したメッセージを発信する。

　発話者の発信したメッセージは，その聴覚映像が音波，時には電波として伝達され受話者に受信される。受話者は受信した聴覚映像を，発話者と共有していると考えられる言語のコードに従ってデコードし，聴覚映像の表わす概念を了解する。このようにし

て言語によるコミュニケーション，メッセージの伝達は完了する。

　言語によるコミュニケーションにおいて，伝達すべき概念の存在は前提である。しかし概念は聴覚映像との結合なしには決して伝達されえない。何故なら概念が伝達される過程は，音波あるいは電波という物理的な現象によって聴覚映像が伝達される過程である他はないからである。自己自身との再帰的なコミュニケーションであると考えられる思考もまた，聴覚映像なしには不可能であることは想像に難くない。

　ソシュールは，この概念と聴覚映像の結合したものを記号 signe ［Saussure：153］と呼んだ。さらにこの概念をシニフィエ signifié ［Saussure：153］，聴覚映像をシニフィアン signifiant ［Saussure：153］と呼んだ。シニフィエは，意味する，シニフィエ signifier というフランス語の他動詞の過去分詞で，意味されるものと訳せよう。シニフィアンはこの他動詞の現在分詞で，意味するものと訳せよう。ソシュールはコミュニケーションを記号の伝達と捉え，その記号はシニフィエ，意味されるものとシニフィアン，意味するものとの結合だと考えた。

　ソシュールは，この記号の定義に続いて，後に構造主義の出発点と目されることになる決定的な命題を提起した。曰く「言語記号は恣意的である le signe linguistique est arbitraire.」［Saussure：154］。これは言語記号におけるシニフィエとシニフィアン，概念と聴覚映像の結合は恣意的であることを言明した命題である。この命題の何が決定的なのか。概念と聴覚映像，シニフィエとシニフィアンの結合の在り方は，それぞれの言語の規則，コードによって規定されていた。したがってこのソシュールの命題は，言

語の規則，言語のコードは恣意的であると主張していることになる。

　このことは言語が多数存在している事実を反省すれば容易に理解できる。たとえば牛（肉）という概念を考えてみよう。この概念のフランス語における聴覚映像はブフ bœuf であるが，ドイツ語ではオクセ Ochse であり，英語に至ってはビーフ beef とオクス ox という二つの聴覚映像を持つ。ある概念は言語によって全く異なる聴覚映像を持つのみならず，言語によってはその概念と過不足なく重なる聴覚映像は存在しない，あるいはその概念は単一の概念としては存在せず，異なる聴覚映像を持つ複数の概念として存在する。概念と聴覚映像，シニフィエとシニフィアンの結合の仕方は言語によって恣意的なのである。

　概念と聴覚映像，シニフィエとシニフィアンの結合の在り方を規定する言語コードの恣意性は，上に述べた語彙の局面に留まるものではない。むしろ文法の局面により鮮明に現われる。たとえば時制分けても過去時制である。ほとんど全ての言語には時制，過去，現在，未来の概念を区別する言語コード，たとえば動詞の形態における変化，したがってそれを表わす聴覚映像の変化がある。

　フランス語には現在の概念を表わす動詞の現在時制とそれに伴う聴覚映像に対して，過去の概念を表わす動詞の過去時制とそれに伴う聴覚映像が，口語に限ってみても，少なくとも二つある。複合過去と半過去である。この二つの過去の聴覚映像は有意に異なる。それではそれら二つの聴覚映像はどのように異なる概念を表わしているのだろうか。フランス語を学習する者なら誰でもこ

こでアスペクト，相という考え方に触れざるをえない。複合過去は過去において完了した全体相の概念を表わし，半過去は過去において未完了だった部分相の概念を表わす。

　しかしこの概念の区別で，フランス語で最もニュアンスに富む時制と言われる半過去が理解できるだろうか。半過去で書かれたテクストを適切な日本語に翻訳できるだろうか。半過去を巧みに操った発話が可能になるだろうか。実はこの問題は僕たちが使用する日本語にフランス語の半過去の概念と過不足なく一致する時制と相の組み合わさった概念が存在するのかという問いである。異なる言語の間にある言語記号の恣意性は，語彙的な概念と聴覚映像の結合の恣意性のみならず，文法的な概念と聴覚映像の結合の恣意性にも及ぶ。フランス語の半過去の概念は日本語の概念のコードでは決して理解しえない可能性がある。

　こう言い切ってしまうとあるいは日本語研究者からご批判を受けるかも知れない。何故なら日本語におけるアスペクトの研究は，最近の日本語研究で最も流行しているトピックスの一つだからだ。日本語の過去時制にも完成相（フランス語の全体相に対応か）と継続相（フランス語の部分相に対応か）という二つのアスペクトが区別されるそうである。日本語研究者はさておき，僕たち普通の日本語話者はこの完成相と継続相というアスペクトの区別を充分意識して日本語を使用しているだろうか。少なくともフランス語話者は複合過去と半過去の区別を充分意識して使用しているように見受けられる。僕たち日本語話者はフランス語の半過去を充分に理解し縦横無尽に使いこなせる日が来るのだろうか。

　いずれにせよ言語記号は恣意的である。シニフィエとシニフィ

アンを結合して記号を構成する規則，言語コードは恣意的である。しかしある言語コードにおいて構成された記号すなわちシニフィエとシニフィアンの結合の仕方から逸脱することは容易ではない。ある言語コードの構成する記号から逸脱したシニフィエとシニフィアンの結合を使用すれば，コミュニケーションそれ自体が成り立たない。それでは言語はどのように自らの記号，シニフィエとシニフィアンの結合を構成するのか。人々はどうして言語記号を構成する規則に拘束されるのか。構造主義の核心的な問いに入っていこう。

3　差異の体系

　言語記号，すなわち一つに結合された概念と聴覚映像はどのように決定されるのか。ソシュールは，何も規定されていない思考の平面とそれに接触している何も分節されていない音の平面を考え，それらが同時に分割 division［Saussure：216］されることによって記号が決定されると想定した。思考と音の接平面の分割された部分が記号を構成する。

　この思考と音の接平面が分割されることによって決定されるものを，ソシュールは記号の価値 valeur［Saussure：171, 212, 213］と言い換えた。記号の価値と呼ぶことによって，ソシュールは複数の記号が未規定な思考と音の接平面の分割されることによって同時に構成されてくる事態，記号が他の記号と分割されることによって構成されてくる事態を表わそうとした。記号が思考と音の分割によって構成されるとは，記号が他の記号との分割によって

構成される，言い換えればある記号の価値が他の記号の価値と差異化されて決定されることの他ではない。

　こうしてソシュールは，フランス現代思想を牽引することになる差異　différence［Saussure：222–224, 226］の概念に到達した。ある記号の価値は他の記号の価値との差異によってかつそれのみによって決定される。言語記号は恣意的であった。したがって言語記号の価値を決定する原理は恣意的である他はない。言語記号の価値を決定する原理は他の言語記号の価値との差異以外に何があると言うのか。ある言語記号の概念は他の言語記号の概念との差異によって決定される他はなく，ある言語記号の聴覚映像は他の言語記号の聴覚映像との差異によって決定される他はない。

　概念はあらかじめそれが何であるか規定されている本質あるいは同一性を持つか。ソシュールが拒否しようとしたのはこの概念の本質主義，同一性論である。概念が真なる実在であり不変の同一性を保持するとヨーロッパ思想史上最初に主張したのはプラトンであったが，ソシュールはこのプラトンの概念実在論，概念同一論を真っ向から否定する。概念は恣意的であり，他の概念との分割，差異化によってしか規定されえない。概念は何らかの実在あるいはその指示ではなく，思考における差異の切片に過ぎない。

　聴覚映像の本質主義を唱える向きもないわけではない。たとえば宗教的に特別な概念はこの音で呼ばれねばならないといった類である。しかし神はデューともゴッドともテオスとも呼び，魂はアームともソウルともプシュケーとも呼ぶではないか。むしろ聴覚映像こそ他の聴覚映像との差異によって初めて記号を差異化しうるのではないか。けだし音韻とは他の音韻との差異の他の何も

のでもない。

ある記号の価値が他の記号の価値との差異のみによって決定される時，他の記号の価値もまたある記号の価値との差異のみによって決定される。言い換えれば複数の記号の価値は相互的にあるいは同時的に決定される。この複数の記号が相互的に差異化されることによって同時的に決定される事態を，記号は差異の体系 système［Saussure：177, 219, 227］において決定されるとソシュールは呼ぶ。差異の体系，これがフランス現代思想に至って構造と呼ばれることになる概念が創始された瞬間である。

構造という概念は何らかの全体性と関わるという誤解がしばしば見受けられる。しかしこの概念の起源，ソシュールに遡れば，それは差異化する，分割するものであり，差異化あるいは分割は相互的であらざるをえないゆえに体系的と呼ばれたものである。したがって構造はあらかじめ存在する全体的な体系が差異を内包するといった全体概念では全くない。本書では一貫してこの構造概念を，差異化するもの，分割するものという原点に立ち返って使用する。間違っても構造主義を全体主義と誤解されることのないように。

言語記号，概念と聴覚映像の結合を相互の差異化によって決定する体系，それが言語の構造である。この言語の構造は，エミール・デュルケームの言う社会的事実 le fait social［落合, 2017：29, 30］の典型例となっている。社会的事実は，ある社会を構成する人間たちに意識的あるいは無意識的に共有され，それを共有する個人にはあらかじめ与えられ自分では選択しようもない事実であり，個人が社会的に行為するに際しそれに拘束されざるをえ

ない規則である。言語の構造は、その言語を使用する社会の成員に意識的あるいは無意識的に共有され、それぞれの個人には教育を通じて与えられ自分では選択しようもない事実であり、個人が社会的にコミュニケーションする際に拘束されざるをえない規則である。

　ソシュールがデュルケームを読んだという確たる証拠はないが、ソシュールもまた社会的事実という概念を使用して、言語の構造が人間に共有されていること、それが人間にとって与件であり選択の対象ではないこと、そして人間はそれに従うことなしにコミュニケーションすることは不可能であることを繰り返し述べている［Saussure：78, 159, 217］。むしろソシュールは言語の構造こそ、人間が自由な同意によらず従わざるをえない社会的規則の典型例だと考えていると言ってもよい。

　それではこのそれを使用する人間たちが同意したわけでもないのに拘束されざるをえない言語の構造はどのように生成されてきたのだろうか。民主主義社会に生きていると、自らが同意していないのに拘束されることは、法に違反したのでない限り、あってはならないことのように思われる。しかし人間を拘束する規則は、必ずしも人間の同意によるものだけとは限らない。

　社会的規則の代表例、法を考えてみよう。民主主義社会において法は立法機関がそのメンバーの多数の同意によって制定する。立法機関のメンバーを選定したのは国民であるから、法は国民の多数の同意によって制定されるという擬制が成立する。しかしそのような立法は、国家が存在し憲法によって立法機関が定められ、その立法機関のメンバーの選定方法が規定されている場合にのみ

可能である。国家も憲法もしたがって立法機関も存在しない場合はどうか。たとえば国際社会には単一の国家も立法の方法を定める憲法もしたがって立法機関も存在しない。しかし国際法は厳然と存在する。

国際法はどのように生成されるのか。一つは条約である。国家と国家が自由な合意に基づいて約束を交わす。これが条約である。たとえば国連憲章は条約である。しかし国際法の全てが条約であるわけではない。そもそも国際社会の主要な成員である国家はいかなる存在なのか。ある地域が国際社会のメンバーとしての国家でありうるのは，国際法の規範に基づいてその地域が国家として承認されたからに他ならない。国際法の最も本質的な機能は国家の承認である。このとき国際法によって国家として承認される地域は，国際法に同意したわけではない。自らには与件でしかない自らが選択したわけではない国際法にただ拘束されているだけである。

この国家を承認する規範としての国際法，ある地域を他の地域から分割し，差異化して国家として承認する規則である国際法はどのように生成されるのか。諸国家が長い時間に渡ってそのように繰り返し行為して来た慣行 pratique，慣用 usage，慣習 coutume による他はない。すなわち国家を承認する国際法，国家を差異化する国際法は，国際慣行，国際慣用，国際慣習である。このように生成される法を慣習法と呼ぶ。ハンス・ケルゼンなら，「国際慣行は法定立事実である」［Kelsen：314］と言うところであろう。

したがって法分けても国際法を生成するのは，メンバーの合意

ではなく，慣行である。社会的規則の生成が合意ではなく慣行による例は国際法に留まらない。たとえば市場では，財・サーヴィス，企業さらには人間の価値が評価される。なるほど市場は企業なり個人なりの間の交換の連鎖であるから，個々の交換が当事者双方の合意によるのは明らかである。しかしその交換における交換比率，財・サーヴィスや企業それ自体や人間自身やの市場価値はどうか。個々の交換における交換比率は他の無数の交換における交換比率と相互作用するのではないか。たとえば交換比率の差異を利用した裁定取引を考えてみよ。

　ここに個々の交換とは独立な市場価値が成立する。市場価値は個々の交換における合意とは独立に市場の体系において成立する。この市場の体系における市場価値の成立を個々の無数の交換の繰り返しが自生的に生成する秩序であると考えたのがフリードリヒ・ハイエクである。ハイエクはこの自生的秩序論でノーベル経済学賞を獲得した。自生的秩序とは，慣行，慣用，慣習の別名に他ならない［落合，1987：124, 125］。市場価値という差異の体系は慣行によって生成される。

　言語の構造という差異の体系もまた，国家を差異化し，承認する国際法や，市場価値を差異化し，評価する市場体系と全く同様に，慣行，慣用，慣習によって生成されてくることは明らかであろう。ソシュールはこのことは明晰に理解していた［Saussure：155, 162, 217］。ソシュールは言語記号が恣意的であるからこそ，言語記号を差異化する体系は集団的な習慣，伝統，慣用，すなわちある集団が長い時間に渡って繰り返しそのように言葉を使用してきた事実，したがって慣用，慣行，慣習による他はないと考え

た。人間はこの言語の慣行を集団的に共有し，その慣行を次世代に教育しつつ，自らもその慣行に従うことによってコミュニケーションを成立させ慣行を再生産する。

　社会を成立させることにおいて最も決定的な法と市場と言語は，同意のない慣行として営々と再生産され続けてきた。法も市場も言語も，人間の意識的あるいは意図的な行為ではなく無意識的かつ非意図的な反復によって社会を持続させてきたのである［落合，2017：75, 76］。

4　ラングとパロール

　ソシュールは，前節に述べた言語の構造，言語記号の差異化された体系をラング langue［Saussure：80, 81, 86, 162］と呼ぶ。ソシュールはこのラングこそ，言語学の真の対象であると考えた。前節に見たようにこのラング，言語の構造は慣用，慣行，慣習として与えられる。ゆえにこのラングに従って発話しこのラングを再生し続ける人々の行為が存在せねばならない。このラングに従って発話する諸個人の行為を，ソシュールはパロール parole［Saussure：78, 79, 86, 194］と呼ぶ。言語の社会的な構造をラング，発話の個人的な行為をパロールと呼んだのである。

　後の構造主義の文脈では，社会の構造に対して，それに従う個人の行為を出来事 événement と呼ぶことも多い。行為という言葉に潜在する意識的あるいは意図的といったバイアスを出来事という言葉が回避しうるからである。

　ラングにおいて差異化されている言語記号は恣意的であった。

ソシュールはこの言語記号の恣意性こそ，ラングが慣用，慣行，慣習であらざるをえないことの理由であると考えた。けだし言語記号は恣意的であるからこそ，これまでそのように差異化されてきたという理由以外に，それがそのように差異化される根拠は存在しないからである。すなわち言語記号は恣意的であるからこそ，過去以外に現在を決定する根拠が存在しないという意味において，過去の差異化が変化しえない，不変性 immutabilité［Saussure：162, 168］を獲得することになる。

　しかし慣用，慣行，慣習は，それに従う人々が日々使用し再生することによって慣用，慣行，慣習でありうるのであった。人々がそれを日々使用するに際して，何らかの偶然的な逸脱，突発的な変異は避けられない。ラングに従ったつもりで発話したパロールが，意図せざる無意識の変化を示すこともありえよう。パロールの偶然的な逸脱，突発的な変異が繰り返され積み重なれば，慣用，慣行，慣習であるラングは変化することもありえよう。ラングは慣用，慣行，慣習であるがゆえに変化する，可変性 mutabilité［Saussure：163, 168］を持つことになる。ラングの可変性もまた，その不変性と同様に，ラングの恣意性の帰結であるとソシュールは考えた。

　僕たちの使用する日本語を考えてみよう。僕たちは日本語の語彙と文法，日本語の構造を概ね共有しており，それに従って発話しそれを持続させている。ここにたとえば「ら抜き」言葉が現われる。「見れる」「食べれる」といったあれである。これはつい最近まで営々と繰り返されてきた日本語の文法から見れば逸脱である。これまでの文法では「見られる」「食べられる」と発話する

のが正しい。しかし「ら抜き」言葉は TV のアナウンサーまでが発話するに至っている。誰が最初に逸脱したかはおそらく不明である。しかし逸脱した発話が繰り返されているうちに，何が正しい文法に従った発話か，いままさに揺れ動いている。

　1000年前の紫式部の日本語の語彙と文法と，僕たちの日本語の語彙と文法は明らかに異なる。日本語の構造が可変であったことの証拠である。しかしある時点，過去でも現在でもよいある一時点に焦点を合わせれば，その時点の日本語の構造は不変であると考えられ，その時点の日本語話者の発話を規範的に拘束する。もしそうでなければ，日本語によるコミュニケーションは成り立たない。僕たちは日本語の構造を共有しそれに拘束されることによって初めて，自分の耳に届いた相手の発話の聴覚映像を概念にデコードし了解することができるからである。

　ソシュールは言語の研究において，その構造が不変である局面と可変になる局面を截然と区別せねばならないと強調する。ソシュールは言語の構造がある時点において不変である事態を共時態 synchronie［Saussure：172, 177, 179］，言語の構造が時に応じて可変になる事態を通時態 diachronie［Saussure：172, 179, 194］と呼んだ。共時態と通時態の研究方法は全く異なる。共時態の研究は差異の体系を対象とするのに対して，通時態の研究は逸脱の連鎖を対象とする。

　ソシュールによるラングとパロール，ラングの不変性と可変性，ラングの共時態と通時態の差異化は，後に構造主義と呼ばれることになる，歴史に対する全く新しい見方を切り開いた。ソシュールたちの活躍した19世紀末から20世紀初頭に強い影響力を持って

いた歴史の見方は，カール・マルクスの歴史観，人間の歴史は個
人がその中に埋め込まれていた共同体から始まって，その共同体
から解放された諸個人が自由に契約する市場社会を経て，共同体
と市場を弁証法的に総合した自由な諸個人の共同体としてのコミ
ュニズムに至るという発展史観，さらにはその背後にある G. W.
F. ヘーゲルの歴史観，人間はその揺り籠の中で微睡んでいた家
族から出発し，そこから覚醒した自由な主体として市民社会を形
成し，さらに弁証法的総合である自由な市民の理性的な家族とし
ての国家を構築するという発展史観だった。

　それ以外にも社会学的な近代化論，社会進化論等，ほとんど全
ての歴史観が発展史観を標榜していた。ソシュールの切り開いた
歴史観はこれら発展史観を真っ向から否定する。ソシュールにと
って歴史とは，差異の体系としてのラング，社会の構造から偶然
に逸脱したパロール，個人の行為の連鎖に過ぎない。構造からの
逸脱をいくら積み重ねても，それがある方向への発展を帰結する
保証は全くない。構造が長い時間をかけて無意識あるいは無目的
に変化するのみで，より高い価値を達成すべく目的意識的に社会
が発展することは不可能である。

　歴史は個人のパロールの打ち上げ花火のような表層の出来事と
は裏腹に，社会のラングの長期に渡って持続する深層の構造に決
定される。ソシュールの歴史観を継承し，その視点からヨーロッ
パ史を書き直したのが，次章ラカンの同世代人，フェルナン・ブ
ローデルである。ブローデルはソシュールに端を発する構造主義
を歴史学に受容し，自ら構造主義の視点に立った歴史，たとえば
『地中海』を書き下ろすと同時に，志を同じくする歴史家たちと

構造主義歴史学の学術誌『アナール』を刊行し，アナール学派と呼ばれることになる歴史観を主導した。

　歴史にとって，個人のパロール，目的意識的な変革への行為は，華々しく人目を惹くが，表層の出来事 événement に過ぎない。歴史は，すなわち人々の生き続ける社会は，その社会のラング，個人が意図的には変更しようもない構造，明るく澄み切っているが深い水底のような，深層の長期持続 longue durée に決定される［落合，2017：73-75］。

　社会の変化は，マルクスやヘーゲルや近代化論の社会学者たちが夢想するように，人間の目的合理的主体的行為によって達成されることはありえない。目的合理的主体的行為は歴史の徒花，表層の出来事に過ぎない。社会の変化は，長期に持続する深層の構造が，そこからの逸脱が反復され蓄積されることによって，無目的かつ無意識に変化することの帰結である。社会は目的意識的には発展しない，ただ自然発生的に変化するだけである。

　社会は人間の理性によって目的合理的に制御しうるし，またそうすべきだと考えたマルクスを初めとする発展史観，革命史観は，社会が人間の理性によっては制御しえない慣習，慣行，慣用すなわち自生的秩序であることを忘却している。むしろマルクスたちは社会が慣習，慣行，慣用によって成り立つと考えること自体を前近代的な思考として切り捨て，自分たちが近代理性の頂点に立つと胸を張っていた。しかし歴史はマルクスたちの奢りの帰結の目を背けたくなる悲惨を繰り返し僕たちに見せてくれた。社会を理性によって制御しようとした結果があれである，これである。

　ソシュールとそれを継承したブローデルたちの歴史観，社会は

自生的秩序であり，なるようにしかならない。社会が慣習，慣行，慣用すなわち長期持続によって成り立つと考えられるのは，前近代でも近代でも脱近代でも全く変わらない。人間が理性的な行為の自由な主体であり，社会は理性によって自由に制御できると考えることこそ，前近代でも脱近代でもない，他ならぬ近代の幻想に過ぎないのではないか。人間が理性的でも自由でもないことを，20世紀後半のパリにおいて，これ以上ない明晰さをもって言明したフランス現代思想，まずはその第一世代，ジャック・ラカンを語る時が来た。

第3章

ラカン

1　ラカンとその時代
2　無意識の主体 S
3　大文字の他者 A
4　対象 a あるいは自我 a'

1 ラカンとその時代

　ジャック゠マリー゠エミール・ラカン Jacques-Marie-Émile Lacan（1901-1981）は，20世紀後半のパリで花開いたフランス現代思想の第一世代，1900年代生まれの世代の先頭を切る。ラカンはフロイトによって創始された精神分析をフランスに持ち込むと同時に，前章に述べたソシュールに端を発する構造主義を継承し，両者を一個の思想に結びつけた。構造主義的精神分析，それがラカン派の正式名称である。

　ラカンの同世代には，ソシュールの構造主義を歴史学に導入し，表層の政治史的な出来事の深層に横たわる社会経済史的な長期持続の構造に歴史の決定因を見たアナール学派を代表するフェルナン・ブローデル Fernand Braudel（1902-1985），ニーチェのニヒリズム，真実在の不在と人間の幻想のアフォリズムをフランスに紹介し，フランス現代思想のニーチェ理解に決定的な影響を与えたピエール・クロソウスキー Pierre Klossowski（1905-2001）がいる。なお画家バルテュス Balthus（Balthasar Michel Klossowski de Rola 1908-1985）はピエールの実弟である。

　さらにラカンの同世代には，ソシュールの構造主義を人類学に導入し，構造主義人類学を創始することによって，フランス構造主義の名を世界に轟かせることになったクロード・レヴィ゠ストロース Claude Lévi-Strauss（1908-2009）がいる。フランス現代思想第一世代のインパクトが如何ばかりであったか，そのインパクトに直接曝されなかった人々にも想像に難くなかろう。

このラカンの同世代は，数学においても世界に不可逆的な影響をもたらした。アンドレ・ヴェイユ André Weil（1906-1998）等に代表される若い数学者たちの秘密結社ブルバキ Bourbaki である。ブルバキは，構造主義の旗の下，全数学を三つの基本構造の公理系から演繹的に導き出される定理の体系に再編成せんとした。なお思想家シモーヌ・ヴェイユ Simone Weil（1909-1943）はアンドレの実妹である。

このブルバキの構造主義とソシュールの構造主義はどのような関係にあるか，一世紀近い研究の蓄積があるにも関わらず，依然として開かれた問いである。しかしソシュールの構造主義がその後の人文社会科学に決定的な影響を与えたのに優るとも劣らず，ブルバキの構造主義はその後の数学に不可逆的な影響をもたらした。ブルバキ以後の数学は叙述の仕方も教育の仕方もすっかり変わってしまった。20世紀初頭までの数学の叙述や教育の方法は，最早数学史家しか知りえない。

2　無意識の主体 S

「明晰でなければフランス語でない Ce qui n'est pas clair n'est pas français.」とはフランスのリセにおける国語教育において繰り返し叩き込まれる作法だそうだが，ラカンのテクストはこの作法に全く従っていない。ラカンのテクストは難解 obscur をもって自らの作法としているかのようである。したがって以下に述べるラカンの読みはあくまで僕が読んだラカンに過ぎない。おそらく全く異なるラカンの読みも可能だろう。実際ラカンの読

みの一つの在り方であるラカンの翻訳を取ってみても，日本語としてほとんど意味をなさないものもないとは言えない。いわゆる専門家が読んでこの為体である。僕は僕の読みも一つのありうる読みだと考えている。

しかしそれだけでは僕の読みに不安を感じる向きもあるかもしれない。そこでラカンのお弟子さんや孫弟子さんを中心としたラカン派と呼ばれる研究者たちがラカンの構造主義的精神分析の基本概念を解説した事典を参照することにした。僕のラカンの読みを，その都度，事典の項目と対照して見るというやり方である。ラカン派の事典としてラルース Larouse が出版した定評のあるロラン・シェママ Roland Chemama，ベルナール・ヴァンデルメルシュ Bernard Vandermersch 編『精神分析事典 Dictionnaire de la Psychanalyse』を使用した。フランスの研究者は事典を編纂することをかなり重視する。案の定素晴らしい出来の事典だとお見受けした。

ラカンを読むに際して鍵となるのは，図式 L schèma L ［Lacan：53, 549］と呼ばれる次の図である（図3‐1）。

ラカンの思考は言語的であると同時に幾何的であり代数的である。ラカンは言語的な概念を幾何的にも代数的にも表現する。ラカンのトポロジーを駆使した幾何的表現は本書の大きなテーマの一つだが，この図式 L に見られる S，A，a，a' といった記号もまたラカンの思考の表現である。ラカンにとってこれらの記号は代数記号と同じように見なされる。実際ラカンはこれらの記号を用いて代数式に類似した記号列を構成する。しかしラカンの記号は代数記号とは見なしきれない。本書第7章と第8章でこれらラ

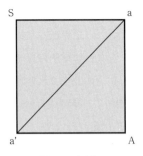

図3-1　図式L

カンの記号はどのような意味において代数記号と見なしうるか詳
細に検討するが，差し当たりこれらの記号は代数記号とは見なし
えない。ラカンもこのことを充分理解していた。ラカンはこれら
の記号を代数記号と呼ぶことを避け，マテームと命名した。

　マテーム mathème［Chemama : 337-341］とは何か。ラカンの
日本語訳者たちは意訳を恐れずこれを分析素あるいは数式素と訳
した。分析素，精神分析の素子という意訳か，数式素，しかしラ
カンの記号列は数式と言えるか。マテームを構成する math は
リセの学生スラングで数学 mathématiques を意味する。そこで
僕はマテームを，ラカンの数理表現の素子という意味を込めて，
数理素と訳したい。ラカンの記号 S，A，a，a' は数理素，マテ
ームであり，これらの記号から作られる記号列もまたマテームと
呼ばれる。後に $ や $◇a といった記号列，マテームが議論を賑
わすだろう。

　それでは数理素，マテーム S とは何を表現しているのか。S
は文字通りエスを表現する［Lacan : 53］。S という文字を発音し
ているのではない。エスとはフロイトが初めて無意識なるものの

存在に気づいた後，改めてそれが何であるか「名前はまだない」状況に直面して，それを，ただそれ，ドイツ語でエス Es と呼んだことに由来する。すなわちマテームＳとは，ドイツ語でエス，フランス語でサ ça，日本語でそれと呼ばれるそれである。

　フロイトはエスの正体を，人間の意識には認識することも制御することもできない，自己自身の内部に潜在し自己自身を内部から駆動するそれであると喝破し，それを改めて無意識と呼んだ。しかしフロイトにはこの無意識を意識の主体が何とか抑圧することができるかもしれないという淡い近代主義の希望が残っていなかったと言えば嘘になる。ラカンはそのフロイトの弱点を見抜いてこう考えた。人間の主体は意識にあるのではない，無意識こそが人間の主体なのだと。ラカンはマテームＳを，無意識の主体 sujet de l'inconscient［Lacan：53, 549］の表現と考えた。Ｓは主体，シュジェ sujet の頭文字である。

　人間の意識には制御することのできない自己自身を内部から駆動する無意識の主体を，フロイトそしてラカンは欲動 pulsion［Chemama：480-484］と呼んだ。欲動の中心に性の欲動があることは言うまでもない。しかしフロイトもラカンも性の欲動は人類という種の保存のため機能的に要請される本能だなどという陳腐な生物学的説明に満足する筈もない。欲動は主体として自らの対象 objet を要請する。しかしこの対象は生殖行為が可能な対象であるとは限らない。欲動の対象はきわめて多様である。欲動の対象は，異性の他者の身体そのものであるのみならず，その部分，口唇や乳房や陰部や下肢や声や匂いであったり，同性の他者の身体であったりする。さらに対象としての身体とその部分への接触

の仕方もきわめて多様である。性の欲動が生殖に直結する可能性はむしろ低い。しかしそれでも人間は性の欲動に駆動されて行動する。

　この性の欲動を象徴する身体の部分として，ラカンはファルスphallus［Chemama：429-432］に言及する。ファルスとは勃起したペニスである。もちろんラカンはここでセクシズムを言いたいのではない。ファルスとは勃起したクリトリスであると付け加える。女性の欲動の象徴が勃起したクリトリスであるか否かは開かれた問いである。ラカンは女性の欲動を巡っていかにもラカンらしい図式的な議論を展開しているが，僕は僕自身の生きられた時，過ごされた時の反省による他はない。女性の皆様も自らの生きられた時，過ごされた時を反省してみましょう。それとは別に勃起したクリトリスもまたファルスだと考えることによって，ファルスと生殖は無縁だという視点が再確認されるのではないか。人間の性の欲動は生殖とはほとんど無縁である。

　ラカンがファルス，勃起したペニス，勃起したクリトリスに言及する時，ラカンは現実の身体の部分としてのファルスに言及しているのではない。ファルスは，人間には制御できずむしろ人間を駆動する欲動が，言語に代表される社会的な構造に出会った時，どのような変形を被るかを表現する記号として言及されている。ラカン自身の言葉に従えばファルスは，欲動が言語として構造化される時，欲動のシニフィアンとなる。無意識の主体Ｓすなわち欲動を差異化し，分割する構造，大文字の他者Ａが考えられねばならない。

3 大文字の他者 A

マテーム A は何を表現しているか。ラカンはマテーム A によって大文字の他者 le grand Autre [Lacan : 53, 549] を表現する。大文字の他者とは何か。大文字の他者は小文字の他者 le petit autre と差異化される他者である。小文字の他者は通常の意味における他者，自己ではない他の人間を意味する。大文字の他者は他の一人の人間ではない。大文字の他者はむしろ他者の総体とでも言うべき他者である。

大文字の他者は，無意識の主体の欲動を差異化し，分割する構造 structure [Chemama : 545-548] である。すなわち大文字の他者は，人間を駆動する欲動を自らに従わせ，拘束する社会的事実である。欲動が社会的事実に拘束されるものか，欲動はもとより反社会的だと反応される向きもあろう。しかしもし欲動が社会的事実に従わないとすれば，欲動がその対象である他者，小文字の他者に接触することは「違法」となり，「制裁」を免れない。

大文字の他者はどこにいるのか。それは社会的事実の存在する場所，身体の内部，おそらく脳の内部である。大文字の他者，社会的事実は，制定法のように意識しうる存在では必ずしもない。むしろ慣習法，長い時間に渡るそのような行動の繰り返しが自生的に生成した秩序である。したがって大文字の他者，社会的事実は無意識の中にいると言ってもよい。この大文字の他者，社会的事実のいる無意識を，無意識の主体，欲動である無意識，言わば個人的無意識と差異化して，社会的無意識と呼ぼう。集合的無意

識と呼びたいところではあるが，ユングのそれとの混同を避けるためやむをえない。

　もっともラカンは欲動を差異化し，分割する社会的事実，大文字の他者として，欲動のある対象は許容されるが他の対象は禁止されるといった類の，たとえばインセスト禁忌のような規則を想定していたわけでは必ずしもない。ラカンは大文字の他者として，まず何よりも言語 langage［Chemama：309, 313-316］という社会的事実を想定していた。

　「無意識は一つの言語として構造化されている」。このラカンの有名なアフォリズムは多義的である。無意識それ自体が一つの言語としての構造を持つとも読めるが，ここでは無意識の主体が大文字の他者と出会うことによって，言い換えれば個人的無意識が社会的無意識と出会うことによって，差異化され，分割され，構造化されると読むことにする。もっとも個人的無意識と社会的無意識の遭遇は一人の人間の脳内で起こっているのであるから，その一人の人間の脳内で，結果として，「無意識は一つの言語として構造化されている」とも言える。

　無意識が一つの言語として構造化されるとはどのような事態か。ラカンの難解さはここで頂点に達する。ラカンは精神分析の経験や自らの生きられた経験から無意識の言語化を巡る様々な時には相互に矛盾する思考を紡ぎ，それを言語的さらには代数的あるいは幾何的に表現すべく産みの苦しみを苦しんでいるのであるが，その表現を論理的な一貫性を維持しつつ理解するのはきわめて困難である。

　第一の表現は，無意識は当人の言語活動，分けてもパロールに，

まさしく無意識に表出されるという議論である。言い間違いや二重の含意に無意識の欲動が表出する例は周知であろう。したがって精神分析家はクライアント当人のパロールを注意深く聴き取り，そこに隠されている欲動を分析するという話になる。言い換えればクライアント当人の無意識が構造化された言語を，精神分析家が自らの言語に翻訳し，再構造化するという文脈である。

　第二の表現は，無意識の主体 S が大文字の他者 A と遭遇することによって，無意識の主体 S は自らを表象するシニフィアン S_1 と，それと相互に差異化されるシニフィアン S_2 に分割 division [Chemama：337, 393] される。ラカンはこの分割された無意識の主体を $ (エスバレ S barré) というマテームで表現する。すなわち無意識の主体 S＝欲動は，大文字の他者 A＝言語の構造に遭遇して，差異化され，分割され，大文字の他者に分割された無意識の主体 $＝言語の構造に分割された欲動として現われる。この構造に分割された欲動という表現は，ラカンの数理表現を検討するに際して，決定的な重要性を持つことになる。

　第三の表現は，欲動がその対象に接触するためには，欲動を言語化し，他者に接触しうる社会的な規則を充たさねばならないという言説である。完全な沈黙の下に，異性がファルスを接触してきたらあなたはどう反応するだろうか。欲動がその対象と接触しうるためには，その欲動が言語の構造に従って記号化され，音波あるいは電波として欲動の潜在的な対象に伝達され，その聴覚映像あるいは視覚映像を欲動の潜在的な対象が共有する言語の構造に従って脱記号化するというプロセスを，欲動の対象への接触が社会的に許容されうるまで繰り返さねばならない。欲動を言葉に

する，無意識を言語として構造化することなしの，欲動の対象への接触は「違法」であり，「制裁」は避けられない。

　ラカンの「無意識は一つの言語として構造化されている」というアフォリズムは，少なく見積もっても以上の三つの含意がある。第一の表現は，精神分析家としてのラカンには日常の経験なのだろう。第二の表現は，ラカンがソシュールの構造主義を引き受け，大文字の他者 A＝構造が，フロイト由来の無意識の主体 S＝欲動を差異化し，分割することによって，分割された主体 $ sujet divisé ［Lacan：775］が現実にもたらされる，構造主義的精神分析の根本命題を示している。第三の表現は，性愛と言語の必然的な関係を述べる言わば社会科学的な言説であり，最も分かりやすい。

　分割された主体 $ は，ラカンの構造主義的精神分析のキーワード，モクレである。ラカンはこの分割された主体 $ をトポロジーで表現しようと試みる。ラカンのトポロジー表現は衒学的なアクセサリーでは全くない。ラカンは分割された主体 $ の言語的な表現に限界を感じ，分割された主体 $ という概念を十全に表現するためにトポロジーという幾何的表現に行き着かざるをえなかった。むしろマテーム $ のような代数的表現，トポロジーのような幾何的表現が，ラカンの概念の本来的な表現だと言ってもよい。

　ラカンは分割された主体 $ をメビウスの帯 bande de Möbius ［Chemama：577］で表現する。メビウスの帯とは，長方形の帯 abb'a'（図 3 - 2）をねじって，a 点を b' 点に，b 点を a' 点に貼り合わせてできるねじれた輪，円周である。

　メビウスの帯はきわめて興味深い性質を持っている。実際メビ

図3-2　メビウスの帯のもとになる長方形の帯

ウスの帯を作り，ある一点から出発してその面をなぞって行けば，表面から出発したはずがいつの間にか裏面を通り，円周を二周して元の点に戻っている。すなわちメビウスの帯は表面と裏面が一体となっており区別できない。この事態を数学では向き付け不能と呼ぶ。

　さらにこのメビウスの帯を，その真ん中の線に沿って鋏で切断すると，表面と裏面の区別できる，すなわち向き付け可能な一つの円周ができあがる。メビウスの帯とは実にメタファーに富んだ図形ではないか。

　ラカンはこの表裏向き付け不能なメビウスの帯を，分割された主体の無意識と言語活動，欲動と構造化が，いずれが表面でいずれが裏面と区別されえず，表裏一体となっている事態を表現していると考えた。無意識が必ずしも深層なのではなく言語活動が必ずしも表層なのではない。

　さらにラカンはメビウスの帯の正中を切断する行為を，分割された主体に対する精神分析，分析家のクライアントに対する介入を表現すると考えた。向き付け不能なメビウスの帯が分析によって向き付け可能な円周に変化するというわけである。

　しかしラカンが分割された主体をメビウスの帯で表現したこと

の含意は，ラカンが言及している範囲を遥かに超えて広く深い。
大ラカンに何と不遜なことを言うのだと思われる向きもあろう。
むしろラカンは自らが発見した大鉱脈の露頭に立って，手持ちの
ハンマーで鉱石を叩き出しているといった風情ではないか。ここ
には大型の削岩機が必要だ。

　まず分割された主体のマテーム $ を代数的に表現する必要が
ある。無意識の主体S＝欲動を大文字の他者A＝構造が分割す
るという事態は，代数的にどのように表現されうるのか。第5章
では欲動の構造による分割を，多様体の構造群による分割として
代数的に表現する。ラカンの手持ちハンマーを大型削岩機に差し
替えるのだ。

　分割された主体 $ の厳密に代数的な表現が与えられれば，そ
れをメビウスの帯で幾何的に表現することの含意が一挙に展望さ
れる。第7章で見るようにメビウスの帯，幾何的には1次元実射
影空間と同相なこの図形は，多様体の構造群による分割の商空間
として表現される。この表現の持つ含意は広大深遠だ。

　しかしラカンの数理表現が持つ広大深遠な含意に進む前に，ま
だやらねばならないことがある。マテーム a あるいは a' は何を
表現しているのか。それは分割された主体 $ とどのような関係
にあるのか。そしてマテーム a あるいは a' と分割された主体 $
を関係付ける何らかの数理表現は存在するのか。

4　対象 a あるいは自我 a'

　マテーム a は，まず大文字の他者 le grand Autre A に対し

47

て小文字の他者 le petit autre [Lacan：53] を表現する。小文字の他者は，普通の他者，自己ではない他の人間のことである。したがって a は，無意識の主体 sujet de l'inconscient S の対象 objet [Lacan：549]，すなわち欲動の対象を表現する。ラカンのマテームの中で最も人口に膾炙される対象 a である。

すでに述べたように対象 a はきわめて多様である。対象 a は，異性・同性を問わず他者の身体であるのみならず，その様々な部分，さらにはその多様な接触物にまで広がる。場合によっては他者の思考ですらあるかも知れない。LGBT，フェティシズム，BDSM など何でもありだ。ラカンは欲動が，部分対象への欲動，部分欲動としてのみ現われると考え，部分欲動の対象 a を列挙している。ラカンの対象 a は，乳房，糞便，ペニス，まなざし，声，そして何でもないものである。

それではマテーム a' は何を表現しているか。a' は自我 moi [Lacan：53, 549] を表現する。近代に持て囃された理性の在り処，自由の主体である自我が a' とは何事か。ラカンはフロイトになお存在していた近代主義の残滓，自我の機能の肯定をあっさりと否定する。自我は最早，欲動とそれを分割する構造によって完全に決定される人間の，理性的な主体という見せ掛け，幻想に過ぎない。すなわち自我 a' は自我という見掛け，仮象である。しかし結論を急ぐ前に，ラカンがその結論に至った経緯を辿っていこう。

自我 a' はどのように決定されるか。自我 a' は小文字の他者 a に写された自らの像，鏡像 image spéculaire [Lacan：53, 552] によって形成され，決定される。ラカンはそのキャリアの最も早い

48

時期から，自我の鏡像による決定を言明してきた。自我a'は小文字の他者＝対象aにおける鏡像である。そして対象aは無意識の主体S＝欲動の大文字の他者A＝構造によって分割された主体$の対象として決定される。それゆえ自我a'は分割された主体$によって決定されるのではないか。

　自我a'すなわち対象aと分割された主体$の関係を巡って，ラカンはきわめて本質的なマテームを提示した。

$$\$ \diamond a$$

　エスバレ・ポアンソン・プティター　S barré poinçon petit a と読まれるこのマテームを，ラカンは幻想のマテーム mathème du fantasme［Lacan：774］と呼んだ。

　分割された主体$と対象aの関係は◇で表現される。この◇は何を表現しているのか。またこのマテームは幻想のマテームと呼ばれる。ラカンは何を幻想という言葉で表現しているのか。この問いに答えるためにポアンソン poinçon の辞書的意味を探ってもほとんど徒労である。この問いに答えるためには前節で述べたように分割された主体$の厳密な代数的表現を与えると同時に，◇や対象aにもまた厳密な代数的表現を与える必要がある。その作業は第8章まで取っておこう。

　ラカンはさらに先を行く。ラカンはこの幻想のマテームを幾何的に表現しようとする。ラカンは幻想のマテーム $\diamond a$ が交差帽 cross-cap［Chemama：577］と呼ばれる図形によって幾何的に表現されると考えた。交差帽とは前節に述べたメビウスの帯の縁に

沿って2次元ユークリッド空間すなわち実数平面を貼り合わせた図形である。にわかには想像できないからといって心配は無用だ。この図形は僕たちの生きる3次元ユークリッド空間では描ききれない。このように描ききれない図形を想像しうるところがトポロジーという数学の魅力であり，ラカンはこのトポロジーを深く受容し自らの創り出したマテームの表現に使用した。

　幻想のマテーム $\$\diamond a$ に厳密な代数的表現が与えられれば，それを交差帽で幾何的に表現する含意も明らかになる。交差帽もまた，幾何的には2次元実射影空間と同相な図形であり，多様体を構造群で分割した商空間と捉えることができる。幻想のマテーム $\$\diamond a$ が多様体を構造群で分割した商空間と捉えることができるならば，$\diamond$ の表現するものも，対象 a すなわち自我 a' が幻想であるか否かも明晰に了解できるようになろう。ラカンの数理表現は，厳密な代数表現，正確な幾何表現を与えることによってきわめて適切な表現であったことが明らかになる。多少なりとも数学に覚えのある者は，アラン・ソーカルのようにラカンのマテームやトポロジーを揶揄するのではなく，ラカンのマテームやトポロジーに厳密な代数表現や正確な幾何表現を与えるべく知恵を絞ったらどうか。

第4章

ドゥルーズ

1 ドゥルーズとその時代
2 反　復
3 差　異
4 見せ掛け

1 ドゥルーズとその時代

　ジル・ドゥルーズ Gilles Deleuze (1925-1995) は，フロイト以来ラカン経由の精神分析，ソシュール以来の構造主義，ニーチェ以来クロソウスキー経由のニヒリズムを引き受け，フランス現代思想の頂点に立った第二世代，1920年代生まれの世代である。同世代には，ドゥルーズの親友ミシェル・フーコー Michel Foucault (1926-1984) や，ジャック・デリダ Jacques Derrida (1930-2004) 等がいる。ドゥルーズ，フーコー，デリダ，まさにフランス現代思想の頂点を極める三人ではないか。この章ではドゥルーズへの僕の読みを書くが，フーコーへの読み，デリダへの読みは，それぞれフーコー読み，デリダ読みに委ねよう。僕にはまだこの二人への定見はない。

　フランス現代思想の頂点に立つこの世代は，フランス現代数学においても頂点に立った。アレクサンドル・グロタンディーク Alexander Grothendieck (1928-2014) である。グロタンディークはブルバキのメンバーに数学の才を見初められたこともあって，当初はブルバキのメンバーであったが，やがてブルバキ，分けてもアンドレ・ヴェイユとの確執から袂を分かつ。当時の代数幾何学を主導していたヴェイユと，全く新しい代数幾何学を構想したグロタンディークは相容れなかった。ヴェイユのグロタンディークへの嫉妬が決裂の遠因だったと考えられる。それほどにグロタンディークの提唱した代数幾何学，シェマ schéma の概念は斬新で魅力的だった。今日の代数幾何学は，このシェマの概念を中

心に回っている。

2　反　復

　ドゥルーズは自らの哲学を，それまでの哲学のテクストの膨大なコーパスを渉猟するところから出発した。哲学徒の多くはそれまでのテクストを読むところから始める。この意味においてドゥルーズは哲学徒，人文社会科学系研究者には比較的馴染みやすい哲学者である。実際ドゥルーズの哲学は先行する哲学との対比によってよりよく理解できる。ただしこの先行する哲学の充分な理解には，テクストをどのくらい読み込んできたかという読者の読書量が試される。ドゥルーズが分からないと非難するたとえばアラン・ソーカルのような人々が後を絶たないのは，端的に読書量が足りないということかもしれない。本書ではこの点を鑑み，ドゥルーズが参照している元のテクストへの僕の読みも積極的に書き記そう。

　ドゥルーズが万巻の書を読み漁って書き下ろした哲学は，反復 répétition，差異 différence，見せ掛け simulacre の三つを，新しい概念として提示する。ドゥルーズは哲学とは新しい概念を提示する営みだと言っているが，それがこれら3概念である。まずは反復 répétition［Deleuze：1, 59, 60, 80, 96］を取り上げよう。反復は，ニーチェの永遠回帰，フロイト，ラカンの欲動と深く関わり，デカルトのコギトと鮮やかに対比される。

　反復とは繰り返しである。慣習や慣行や慣用がそのような行動の繰り返し，反復によって生成される構造であることはこれまで

に見てきた。ドゥルーズはデイヴィッド・ヒュームを参照して反復と慣習を巡る興味深い議論を展開しているが，ここでは触れない。18世紀から19世紀末に時間を進めてニーチェである。ニーチェは創造から終末に向かって直線的に突き進むキリスト教的な時間に対して，常にもといた場所に回帰する永遠の円環としての時間，永遠回帰 l'éternel retour ［Deleuze：59, 60, 80, 81, 92, 152, 164］の時間を提起した。永遠に回帰する円環の時間とは，まさに反復する時間である。

　フロイト，ラカンの欲動，分けても性欲動 pulsion sexuelle ［Deleuze：29, 129, 133, 136］を想い起してみよう。性欲動とは，ビートを刻み，脈を打ち，波のように押しては返す，拍動であり脈動でありパルスであった。拍動，脈動，パルス，これらを反復と呼ばずして何を反復と呼ぶか。性欲動は反復する。性欲動は反復である。ドゥルーズは反復という概念において，反復する時間，永遠回帰の円環の時間と，反復する欲動，ビートを刻み，脈を打ち，波のように迫りくる性の欲動を念頭に置いていた。

　それではドゥルーズは反復しない時間，反復しない欲動を考えていたか。キリスト教的な時間が直線であるという言明は実は不正確である。キリスト教的な時間には創造と終末がある。すなわち時間の始まりと終わりがある。始まりと終わりという2点の境界を持つ直線を線分と呼ぶ。このとき直線は始めもなく終わりもない無限に続くものとして考えられている。なるほど円環もその中を辿って行けば無限に続くが，それは無限に反復されるという意味においてである。直線は無限に続き，その中を辿って行っても二度と同じところには戻らない。言い換えれば直線は決して反

復しない。反復しない時間，それは無限の直線の時間である。

　無限の直線の時間，これをドゥルーズは時間の空虚な形式 forme vide du temps [Deleuze：116, 119, 120, 150] と呼んだ。過去，現在，未来と直線上に連なる時間，始まりもなく終わりもない無限に続く時間，僕たちが普通に時間と呼んでいる直線の時間，ドゥルーズはこれを空虚な形式としての時間だと言う。この直線の時間をヨーロッパ思想史上初めて言明したのは，キリスト教ではない。キリスト教の時間は始めと終わりという2点を境界に持つ線分である。直線の時間をヨーロッパ思想史上初めて言明したのは，ルネ・デカルト René Descartes（1596-1650）である。デカルトは僕たちの生きるこの時空を，直交する無限の直線で表現できると考えた。デカルト座標系である。

　デカルトは僕たちの生きるこの時空とその内に存在する一切の存在者を直交する無限の直線上の点の集まりによって表現するデカルト座標系を考案し，その表現方法を解析幾何学と名づけた。デカルトの有名な『方法序説』はこの解析幾何学，デカルト座標系の方法への序説である。デカルトはこのとき，直交する無限の直線で表現できる時空，今日ユークリッド空間と呼ばれる時空を発見していた [Descartes：105]。ユークリッド空間はもとより古代ギリシャのユークリッドが発見した概念ではない。ユークリッド空間 R^n，すなわち無限の直線 R，無限の平面 R^2，無限の空間 R^3，無限の時空 R^4 は，ヨーロッパ思想史上，デカルトが発見した概念である。

　デカルトは無限の時空を発見して近代の劈頭に立つが，しかし彼を育んだ教養は全く中世のそれであった。キリスト教において

無限は神の述語である。無限の時空は神の属性あるいは神ご自身であらねばならない。デカルトもまた何の疑いもなく無限の時空は神の完全性あるいは神ご自身であると考えた［Descartes：104］。そしてデカルトは無限の時空の存在が明晰判明な真理であるのは，ひとえに神ご自身が完全な存在であることに由来すると考えた［Descartes：106, 107］。近代の黎明を告げる無限の時空の発見は，中世的な神の存在に根拠づけられていた。

　デカルトを巡る議論はさらに続くが，ここで反復しない欲動に目を転じよう。欲動は対象，小文字の他者とその部分に向かって反復し発散する。しかし欲動が対象ではなく，小文字の他者に写された鏡像すなわち自我に向かって収束する場合はどうか。ドゥルーズはこの欲動が対象ではなく鏡像に収束する場合の鏡像すなわち自我を，ナルシシズム的自我 moi narcissique［Deleuze：20, 81, 82, 129, 146, 150］と呼んだ。まさしく自らの鏡像に欲動するナルシスである。

　欲動がナルシシズム的自我に収束する時，最早欲動は反復しない。欲動の反復には対象との接触と乖離という二方向への運動が不可欠であるが，ナルシシズム的自我は，欲動を一身に吸収し，自己以外への放出を許さない。ナルシシズム的自我は欲動の反復を不能にする。欲動と対象の接触と乖離という二契機が失われ，欲動と完全に一体化したナルシシズム的自我は，言わば欲動の主体が憑依した自我である。ここに自我は主体であるという幻想，自我は思考の主体であるという幻想，「我思う，ゆえに我在り je pense, donc je suis. ラテン語 cogito ergo sum」という幻想が生まれる。

「我思う，ゆえに我在り je pense, donc je suis. ラテン語 cogito ergo sum」［Descartes：102］，デカルトによる近代的な思考の主体の高らかな存在宣言である。哲学徒はこの宣言をしばしばデカルトのコギト cogito と呼ぶ。デカルトは人間を思考の主体，理性の主体であると宣言した。人間は明晰判明な真理，無限時空の存在を思考する。無限時空の存在はデカルトにとって神の存在であった。

　私は（明晰判明な真理として）無限時空を思考する，無限時空は神である，ゆえに神は無限，限界を知らないのであるから，存在しないという限界を知らない。アンセルムス＝デカルトによる神の存在証明である。逆に神は存在する，したがって無限時空は存在する，ゆえに私の思考する無限時空の存在は明晰判明な真理である。デカルトによる私の思考の真理証明である。この神の存在証明と私の思考の真理証明をデカルト的循環と呼ぶ者もいる。

　ドゥルーズの反復，円環の反復する時間，対象への反復する欲動が，無限の直線の反復しない時間＝時間の空虚な形式，自我への反復しない欲動＝ナルシシズム的自我という，デカルトの近代的時空＝ユークリッド空間，近代的自我＝コギトと鋭く差異化されることは明らかであろう。ドゥルーズの反復の射程は，デカルトの反復不能な近代を遥かに超えて広く深い。

3　差　異

　差異 différence［Deleuze：1, 59, 60］の概念は，ドゥルーズの専売特許ではない。言うまでもなくソシュールからの継承である。

しかし差異の肯定 affirmation［Deleuze：2, 74, 152］と言ったらどうだろうか。アリストテレス以来，差異は同一の類における種差，同一性 identité［Deleuze：1, 45, 48］の下での差異として語られてきた。このアリストテレスの伝統を継承しつつ，差異を否定 négation［Deleuze：1, 45, 70, 71, 74］として捉えたのがヘーゲルである。あるものの同一性，そのものの何であるかを限定 limitation［Deleuze：1, 45, 70, 71, 74］することは，そのものと他のものを差異化する，そのものを他のものではないもの，他のものの否定として限定することに他ならない。ヘーゲルは差異化することすなわち限定することを，他者を否定することと考えた。ヘーゲルにとって差異は否定である。

このヘーゲルに対してドゥルーズは，差異は肯定であると言明した。差異化すなわち限定は，他者の否定ではなく，差異があること，他者がいることの肯定だ。同一性とは何かを限定すると考えるからこそ，差異化し限定することが他者の否定となる。同一性，何ものであるかを限定するのではなく，差異化し限定することそれ自体を肯定する。差異それ自体の肯定，これがクロソウスキーを経由してドゥルーズに届けられたニーチェの全てを肯定する思想である。

差異を同一性に優位させ，差異の肯定を同一性の否定的限定に優位させるドゥルーズの思想は，ソシュールの差異の思想とニーチェの肯定の思想を融合し，アリストテレスに端を発しヘーゲルに至る同一性とその否定的限定の思想，弁証法と呼ばれる思想に真っ向から挑戦する。このドゥルーズの弁証法への挑戦は，ソシュール以来の差異の体系 système［Deleuze：154, 156］の思想が

持つ凄まじい破壊力を僕たちに見せつける。

　ヘーゲルの弁証法とは何か。ヘーゲルは哲学の出発点，いわゆる端緒にことの外煩い。端緒は何ものとしても限定されておらず何ものにも限定されていない，無限定なもの，無限であらねばならない。しかし無限は何ものとしても限定されていないのであるから，その何であるか，すなわち同一性は限定されえない。その何ものか，すなわち同一性が限定されるためには，無限は限定されねばならない。限定されることは取りも直さず限界を有する，すなわち有限となることに他ならない。

　無限は有限となることによって同一性を有する。しかしもとより無限それ自体は有限ではないのであるから，有限は無限の部分である他はない。すなわちある同一性として限定された有限の部分以外の無限，有限ではない有限の否定としての無限が存在する。したがって限定された同一性としての有限は，その否定である無限によって限定されていると言うことも可能である。何故なら有限は無限の海に浮かぶ周囲を無限の海に限定された島と見なすことができるからである。ある同一性が限定されること，すなわち有限であることとは，その否定としての無限によって境界づけられること，すなわち限定されることの他ではない。

　ここからが弁証法の真骨頂である。無限の否定として有限が出てきた。ではその有限を否定したらどうなるか。無限の否定が有限なら，その否定は無限に戻るのではないか。この単純な同一律を拒否するところが弁証法である。否定の否定 négation de la négation［Deleuze：1, 73］がどこに行き着くか。有限の否定，無限の否定の否定は無限である。しかし元の無限ではない。有限の

契機を自らに取り込んだ無限である。

　何を馬鹿なと考える向きもあろうが，ヘーゲルは真剣である。有限の契機を持つ無限とは何か。たとえば無限集合を考えてみよう。無限集合は無限の元を有する集合である。同時に無限集合は一個の集合として限定されている。自然数全体の集合は無限集合である。自然数 n がその元であれば自然数 n+1 もその元であり，無限に続く。同時に自然数全体の集合 ω は一個の集合であり，たとえば実数全体の集合は自然数全体の集合の全ての部分集合の集合 P(ω) と一致するというカントルの有名な定理が成り立つ。言い換えれば自然数全体の集合 ω は明確に限定された集合として定理の中に現われる。

　無限の否定の否定として，限定された無限，無限集合を考えることは，無限集合という概念がカントルによって発見される遥か以前，アリストテレスが夙に発想していた。アリストテレスは無限を可能態における無限，可能的無限と現実態における無限，現実的無限に差異化した。可能的無限とは，自然数のように無限に続く完結しない限定されていない無限である。これに対して現実的無限とは，自然数全体のように無限ではあるが完結した限定された無限である。アリストテレスの場合，無限が未完結であるか完結しているかの差異が，無限が可能態にあるか現実態にあるかの差異の定義であるので，未完了と完了というアスペクト，相の差異が無限にも存在すると考えたのだろう。

　ヘーゲルはもとよりカントルの集合論を知る由もない。ヘーゲルはアリストテレスの未完結の限定されていない可能的無限と完結した限定されている現実的無限の差異は充分承知していた。そ

れゆえ可能的無限を端緒とし，その否定として有限，限定を導き，その否定の否定として限定された無限，現実的無限を位置づけえたのである。ヘーゲルの弁証法は，その批判者が想定するほどには荒唐無稽ではない。実際カントルは自らが発見した無限集合の概念とアリストテレスの言う現実的無限の概念が重なり合うことを言明している［落合，2011：53, 54］。

　問題はここからである。ヘーゲルの弁証法は，無限定，無限の肯定を端緒として，無限の否定すなわち有限を経由し，その否定，無限の否定の否定として限定された無限に至る三段階論である。この三段階論は差し当たり論理の展開として導かれたのだが，これを歴史の発展に適用せんとする誘惑に，ヘーゲルもそしてまたマルクスも抗えなかった。

　マルクスは歴史の端緒として共同体を考える。全ての人間が平等ではあるが共同体規制の下に不自由であったというあの原始共同体である。生産力の発展によって共同体に剰余が生じると，まず共同体間において交換が始まり市場が成立する。やがて市場は共同体規制を蚕食し，共同体から解放された自由な諸個人の交通する市場社会が出現する。自由な市場すなわち共同体の否定である。

　自由な市場の否定すなわち共同体の否定の否定は何か。単なる共同体への回帰であってはならない。自由な市場を自らの契機として有する共同体，「自由な諸個人の共同体」である。マルクスは歴史の発展の第三段階にこの「自由な諸個人の共同体」を夢想した。マルクスの夢想を自らの夢想とする人は後を絶たず，2019年の日本でさえ100万人以上，数え方によってはその10倍，1000

万人以上の人々が「自由な諸個人の共同体」を夢想している。

その夢想が何をもたらすかあるいは何をもたらしたかを考察するには、マルクスの三段階論の原型、ヘーゲルの三段階論に立ち返って見るとよい。マルクスの共同体に対応するヘーゲルの第一段階は家族である。共同体の原型は家族、いかにも近代人の思いつきそうな発想である。現代の社会学ならば親密圏さらには「コミュニティ」と呼ぶところだろうか。「コミュニティ」は共同体の翻訳ではなかったのかと訝りたくもなるが。

マルクスの自由な市場に対応するヘーゲルの第二段階は市民社会である。すなわち家族の否定が市民社会である。日本には「市民社会派」と自称する人々が存在して、反市場運動、反自由主義運動を展開しているのであるが、自由な市場こそ市民社会なのだ。市場の外部に市民は存在しない。

そしてマルクスの「自由な諸個人の共同体」に対応するヘーゲルの第三段階は国家である。すなわち市民社会の否定が国家である。「自由な諸個人の共同体」が国家であるとはにわかには受け入れ難い向きもあろう。しかし「自由な諸個人の共同体」を夢想する運動が行き着いた先は例外なく全体主義国家だった。かつてのソ連（現在のロシア）、かつての東ドイツ（現在のドイツ東部）、現在の中国、現在の北朝鮮である。これらの全体主義国家群は、一つの例外もなく、「自由な諸個人の共同体」を夢想した運動の帰結である。様々なエクスキューズがあることは承知している。しかしそれらの弁明がこれら全体主義国家の重い現実を覆すとは到底思えない。マルクス主義者は恥を知れ。

何故このような帰結が生じてしまったのか。マルクスそしてヘ

ーゲルは弁証法，同一性の否定的限定を方法としていた。この方法は限定すなわち差異化を同一性の外部，同一性の他者の否定であると考える。すなわち差異を否定であると考える。しかし同一性の外部，同一性の他者の否定，すなわち差異の否定こそ全体主義の定義ではなかったか。弁証法という方法それ自体が，外部の否定，他者の否定，差異の否定，言い換えれば全体主義を含意するのである。

　ヘーゲルとマルクスの弁証法，差異の否定に対して，ドゥルーズは差異の肯定を対置した。差異は，他者は，外部はそれ自体において肯定される。同一性を限定するために差異が存在するのではない。まず差異それ自体が存在し，同一性は差異を際立たせる一つの契機に過ぎない。差異はそれ自体で「よい」。それがニーチェの「全てよい」を引き受けたドゥルーズの哲学である。ドゥルーズの哲学は差異，言い換えれば多様性 diversité を肯定することによって，同一性，言い換えれば全体性 totalité を否定するフランス現代思想の頂点に立つ。

4　見せ掛け

　人間は反復する欲動に駆動され，差異化する体系に構成されている。このとき人間の行動は反復する欲動と差異化する体系によって完全に決定され，人間の主体，自我に自由な選択の余地は全くない。人間の行動が人間の主体，自我によってあたかも自由に選択されているかのような見掛け，見せ掛け simulacre [Deleuze：1, 28, 92, 93, 165-167] が存在するだけである。

そもそも人間が主体であり，自我があるという幻想 fantasme [Deleuze：28, 165] はどこから来たのだろうか。ヨーロッパ思想史において人間の自我は，キリスト教分けても旧約聖書創世記1章26節（新共同訳）に

　神は言われた。「我々にかたどり，我々に似せて，人を造ろう。」

と書いてあることに淵源する。

　日本語訳ではヨーロッパ思想史上決定的な意味を持ったキーワード，モクレが出てこないので，フランス語訳（TOB）を引用する。

Dieu dit：《Faisons l'homme à notre image, selon notre ressemblance.》

　神は自らの像 image [Deleuze：3, 91-93, 166, 167]，類似 ressemblance [Deleuze：166, 167] として人間を創造した。

　キリスト教において神は言うまでもなく最高の主体であり，自らの自由な選択によってこの世界を創造した。その像であり類似である人間が，自由な選択の主体でなくて何であるか。言い換えれば人間の主体性は神の主体性の結果なのである。

　このキリスト教の人間観は，全く別系統の思想からより強い支持を受けた。ギリシャ哲学分けてもプラトンである。プラトンは真なる実在がこの世界かあの世界かは問わず必ず存在するという確信の哲学を書き下ろした。この真なる実在をプラトンはイデアと呼んだが，アイデアという言葉はヨーロッパ語の日常語と成り

果ててしまったので，改めて現前 présence と呼ぶことにしよう。あるいはプラトンの真実在を現前と呼び換えるのがフランス現代思想の特徴だと言ってもよい。

　プラトンは真実在，現前の存在を前提としたうえで，人間とは何かを書き下ろす。人間とは真実在の像，現前のこの世界への表象＝再現前化 représentation［Deleuze：1, 45, 79, 94］である。もし神が真実在であるとすれば，人間は神の像，神の表象であると言っていることになる。キリスト教初代教会の教父たちにとって，プラトンの哲学は紛れもなくキリスト教に神学を与えるものに映った。キリスト教プラトン主義，プラトン主義キリスト教の誕生である。ハルナックならキリスト教のヘレニズム化，ヘブライズムとヘレニズムの融合と言うところだろう。

　プラトンは真実在，現前の像あるいは表象としての人間を，真実在，現前を分有する者と表現した。プラトンはこの分有された真実在，現前こそ人間の魂であると考えた。もし神が真実在であるとするならば，人間の魂は神の分有された像である。デカルトはコギトの主体がこの魂 âme［Descartes：103］であることを信じて疑わなかった。人間の主体性は神＝真実在の主体性に依存する。

　そこでニーチェである。「神は死んだ」，真実在は存在しない。したがって神＝真実在の主体性に依存する人間の主体性も存在しない。人間の主体性は見せ掛け，見掛け＝仮象 apparence［Deleuze：3］に過ぎない。これがニーチェのニヒリズムである。ニヒリズムとは，真実在が存在しないこと，したがって神が存在しないことを意味する。

人間は主体であるという幻想から自由になれば，人間は反復する欲動と差異化する体系すなわち構造によって完全に決定される，あたかも自由に選択する主体であるかのような見掛け＝仮象である。仮象としての人間は，欲動と構造の関係に全く従属する。ここまでくれば，この欲動と構造と仮象の関係を数理的に表現する準備は整った。本書の中心部，第5章に進もう。

第5章

多様体，構造群，商空間

1　位相，代数，順序
2　同値類
3　軌　道
4　ファイバー
5　欲動，構造，対象

1 位相，代数，順序

20世紀半ばのパリでブルバキの数学再構成プロジェクトは進行した。ブルバキはまず数学の基本構造を構成する三つの構造の公理系を提示した後，全数学をそれらの公理系から演繹することを試みた。もっともブルバキの公理系は集合論の言葉で記述されていたため，グロタンディークを筆頭とするブルバキ第二世代が，集合論から圏論へと数学を記述する言葉をシフトさせていくに従って，ある種古典的な趣を持たざるをえなくなった。しかしそれは先の話，いまはブルバキの３構造の公理系から出発すれば本書の議論には必要十分である。

ブルバキが数学を構成する出発点となる構造として提示したのは，位相構造 structures topologiques，代数構造 structures algébriques，順序構造 structures d'ordre の３構造 [Mashaal：126-129] である。

位相構造は次の公理系で記述される [森田：4]。いま集合 X の部分集合 X_i

$$X_i \subset X$$

の無限個の合併

$$\bigcup_i X_i$$

が再び X の部分集合

$$\cup_i X_i \subset X$$

であり，かつ有限個の交叉

$$X_i \cap X_j$$

が再び X の部分集合

$$X_i \cap X_j \subset X$$

である時，X を位相空間 espaces topologiques と呼び，X_i を開集合 ensembles ouverts と呼ぶ。

　いかにも単純，いかにも抽象的な公理系である。この公理系を実際に使ってみると，ある集合の部分集合の無限個の合併が再びその集合の部分集合となるところが本質的であることが分かる。すなわち位相空間は自らの開集合の無限和で表現される。きわめて抽象的だが，この性質は，幾何学の対象，直線や平面や空間やそれらを貼り合わせた図形の最も本質的な特徴を記述している。それゆえ位相空間は最も抽象的な幾何学の対象，幾何図形と言うことが可能であり，位相構造の公理系から全幾何学が演繹されうることになる。

　最も基本的な代数構造は群である。群の構造は次の公理系で記述される［寺田・原田：11］。いま集合 G の元 f,g

$$f, g \in G$$

に演算

$$fg$$

が存在し，その結果が再び G の元

$$fg \in G$$

である場合，G の元 f, g, h

$$f, g, h \in G$$

に対して，結合律

$$(fg)h = f(gh)$$

が成り立ち，かつ単位元 e

$$ge = eg = g, \ e \in G$$

と逆元 g^{-1}

$$gg^{-1} = g^{-1}g = e, \ g^{-1} \in G$$

が存在する時，G を群 groupes と呼ぶ。

　たとえば整数全体の集合 Z には，和，加法と呼ばれる演算

$$a,b \in Z \rightarrow a+b \in Z$$

が存在し，結合律

$$(a+b)+c = a+(b+c)$$

が成り立ち，かつ単位元 0

$$a+0 = 0+a = a$$

と逆元 $-a$

$$a+(-a) = -a+a = 0$$

が存在する。すなわち Z は加法に関して群となっている。しかし Z は積，乗法に関しては群ではない。何故なら乗法の逆元 1/a が存在しないからである。

　これに対して実数全体の集合 R は，加法に関しても乗法に関しても群となる。積，乗法と呼ばれる演算に関してみれば，

$$a,b \in R \rightarrow ab \in R$$

であり，結合律

$$(ab)c = a(bc)$$

が成り立ち，かつ単位元 1

$$a1 = 1a = a$$

と逆元 1/a

$$a(1/a) = (1/a)a = 1$$

が存在する。すなわち R は乗法に関して群である。

　整数全体の集合のように加法に関しては群でありかつ乗法という演算は存在するが逆元は存在しない代数構造を環 anneaux，実数全体の集合のように加法に関しても乗法に関しても群である代数構造を体 corps と呼ぶ。代数構造の基本が群であることは明らかであろう。しかし群は，整数の群や実数の群といった数の群に限られるわけではない。群の概念が最も鮮やかに活躍するのは変換の群，具体的には行列の群である。本書では次章で最も典型的な群，リー変換群を詳しく検討する。

　順序構造は次の公理系で記述される［寺田・原田：16］。いま集合 X の元 x,y,z

$$x,y,z \in X$$

が，関係＜に関して，反射律

$$x < x$$

反対称律

$$x < y, \ y < x \rightarrow x = y$$

推移律

$$x < y, \ y < z \rightarrow x < z$$

を充たす時，＜を順序関係 relation d'ordre と呼ぶ。ブルバキが何故，次節に述べる同値関係ではなく，この順序関係を基本構造と考えたのか僕には謎である。何か僕には依然として気づくことのできない深遠な理由があるのだろうか。

　以上の位相構造，代数構造，順序構造が，ブルバキが数学を再構成するに当たって基本と考えた3構造である。本書の目指すフランス現代思想の数理メタファーの構成に当たって基本となる構造もほぼ同じである。以下では，欲動に駆動され構造に構成される仮象としての人間に数理のメタファーを与えるべく，位相空間のファイバー，群の軌道，そして順序関係ならぬ同値関係による同値類という概念群を逆の順序で提示していく。同値類，軌道，ファイバーこれら3概念は，ブルバキの順序，代数，位相の3構造の中核を保存しつつ，一つの概念，主ファイバー束の概念に収

束して行くだろう。

2　同値類

いま集合 X の元 x,y,z

$$x,y,z \in X$$

が，関係〜に関して，反射律

$$x \sim x$$

対称律

$$x \sim y \leftrightarrow y \sim x$$

推移律

$$x \sim y, \ y \sim z \rightarrow x \sim z$$

を充たす時，〜を同値関係 relation d'équivalence と呼ぶ。同値
関係は順序関係の反対称律を対称律に置き換えた関係である。

　同値関係とはまさに哲学で言う同一性を数学的に表現したもの
である。それでは哲学で言う差異は数学的にどう表現されるのか。
集合 X の元 x と同値関係にある全ての元 y の集合 X_i

$$X_i = \{ y \in X \,;\, y \sim x \in X \}$$

を X の同値類 classes d'équivalence と呼ぶ [寺田・原田：22]。集合 X はこの同値類 X_i に分割される。すなわち集合 X は同値類 X_i に差異化される。

　たとえば整数全体の集合 Z の元を整数 3 で割ると，Z は 3 で割り切れて余りが 0 になる整数 $0 \sim 3 \sim 6 \sim \cdots\cdots \sim 3n$ の同値類 Z_0 と，余りが 1 になる整数 $1 \sim 4 \sim 7 \sim \cdots\cdots \sim 3n+1$ の同値類 Z_1 と，余りが 2 になる整数 $2 \sim 5 \sim 8 \sim \cdots\cdots \sim 3n+2$ の同値類 Z_2 の三つに分割される。すなわち Z は Z_0，Z_1，Z_2 に差異化される。

　この同値類 X_i の集合を集合 X の商集合 ensembles quotients と呼び，

$$X/\sim$$

と書く。集合 X を空間 X と呼ぶ場合，商集合は商空間 espaces quotients と呼ばれる。

　集合あるいは空間は同値関係すなわち同一性を共有する部分集合，同値類に分割され差異化される。この部分集合，同値類の集合が商集合あるいは商空間である。ここでは同一性の集合，同値類に対して差異の集合，商集合が上位に立っている。同一性の集合は差異の集合の元に過ぎない。ここにフランス現代思想の言う差異の数学的な表現がある。差異とは同一性を要素とする一つの

体系，言い換えれば構造である。

3　軌　道

　集合 X に対して群 G が作用するとは，X の元 x

$$x \in X$$

と，G の元 g

$$g \in G$$

との間に演算

$$xg$$

が存在し，その結果が再び X の元 y

$$xg = y, \, y \in X$$

となることと定義される。

　G の典型は変換群なので，g は空間 X の点 x を点 y に写す変換と考えてよい。たとえば g はベクトル x をベクトル y に写す行列である。このときある x に対して G に属する全ての g を作用させた結果，すなわち x が G に属する全ての g によって写さ

れる y の集合

$$\{y \in X \,; xg = y, \ x \in X, \ \forall g \in G\}$$

を G の軌道 orbites と呼び，

$$xG$$

と書く［寺田・原田：23］。

　この空間 X に作用する群 G の軌道 xG は，同値関係

$$x \sim y$$

を

$$x \sim y \leftrightarrow xg = y$$

と定義すれば，空間 X の同値類となっている。すなわち空間 X は自らに作用する群 G の軌道 xG に分割される。空間に作用する群の軌道の例は，次章リー群において詳しく検討する。

　空間 X に作用する群 G の軌道 xG の集合，すなわち空間 X の同値類である軌道 xG の集合を軌道空間 espaces orbitaux と呼び，

$$X/G$$

と書く。軌道空間 X/G は空間 X の商空間，空間 X をそれに作用する群 G の軌道に分割した商空間である。言うまでもなく軌道 xG は軌道空間 X/G の元

$$xG \in X/G$$

となっている。

　軌道空間すなわち空間 X をそれに作用する群 G の軌道 xG に分割した商空間を

$$X/G$$

と書くこと，これは空間 X を群 G で分割するとも読める。軌道空間とは空間 X の中に群 G の差異化される軌道 xG がいくつ入っているかを数え上げることだと見なしうるので，空間 X を群 G で分割するという読みもあながち的外れではない。むしろ数学者たちは空間 X の軌道 xG への分割と空間 X の群 G による分割をメタフォリックに重ね合わせていると見ることもできよう。本書では空間 X をそれに作用する群 G の軌道 xG に分割することを，その記法に従って，空間 X を群 G で分割するとも表現する。

4　ファイバー

　位相空間をもう少し具体化すると多様体 variétés の概念がえ

られる。多様体とは, 位相空間 P が自らの開集合 P_i に被覆

$$\cup_i P_i = P$$

される時, 開集合 P_i とユークリッド空間 $R_i{}^j$ との間に同相写像 φ_i

$$P_i = \varphi_i(R_i{}^j)$$

が存在することと定義される〔Morita：14〕。ここに同相写像とは, 開集合 P_i からこれまた開集合であるユークリッド空間 $R_i{}^j$ への写像と逆写像が存在することである。したがって多様体とはユークリッド空間を貼り合わせてできる図形に他ならない。

　位相空間を多様体まで具体化するときわめて使い勝手がよくなる。何故ならユークリッド空間 R^n, C^n はもとより, 次章で取り上げるリー群 $O(n)$, $SO(n)$, $U(n)$, $SU(n)$, 第7章と第8章で取り上げる球面 S^n, 射影空間 $P^n(R)$, $P^n(C)$, メビウスの帯 $P^1(R)$, 交差帽 $P^2(R)$ といった全ての図形は, ユークリッド空間の貼り合わせである多様体として表現されるからである。

　いま二つの多様体 P, B を考える。多様体 P から多様体 B へ射影 projections と呼ばれる連続写像 π

$$\pi : P \to B$$

が存在する。後の議論のため, P を全空間, B を底空間と呼ぶ。

底空間 B の点 b

$$b \in B$$

の逆像

$$\pi^{-1}(b)$$

は，全空間 P の部分集合

$$\pi^{-1}(b) \subset P$$

となっている。この底空間 B の点 b の逆像 $\pi^{-1}(b)$ をファイバー fibres と呼ぶ。

全空間 P の 2 点 p，q の同値関係

$$p \sim q$$

を，p と q が共にファイバー $\pi^{-1}(b)$ の元であること

$$p \sim q \leftrightarrow p, q \in \pi^{-1}(b)$$

と定義すれば，ファイバー $\pi^{-1}(b)$ は全空間 P の同値類となっている。すなわち多様体 P はファイバー $\pi^{-1}(b)$ に分割される。

ここで群の登場である。全空間すなわち多様体 P に作用する

群 G を考える。G は P の点 p をたとえば点 q に写すのであるから変換群，次章で取り上げるリー変換群あるいはそれを少し一般化した位相変換群である。この多様体 P に作用する群 G を構造群 groupes structuraux と呼ぶ。構造群とは言い得て妙である。構造群 G は多様体 P を分割することがすぐ後の議論で明らかになる。何ものかを分割し差異化する構造である。

多様体 P に作用する構造群 G の軌道

$$pG$$

は P の同値類である。したがって多様体 P は構造群 G の軌道 pG に分割される。ところで多様体 P はファイバー $\pi^{-1}(b)$ に分割されるのではなかったか。

多様体 P の二つの同値類，軌道 pG とファイバー $\pi^{-1}(b)$ が一致する

$$pG = \pi^{-1}(b)$$

場合を考えてみよう。もちろん一つの特殊な場合である。しかしこの一つの特殊な場合が数学において決定的な重要性を持つ。

全空間すなわち多様体 P，底空間すなわち多様体 B，P から B への射影 π，P に作用する構造群 G が存在し，G の軌道 pG と B の点 b のファイバー $\pi^{-1}(b)$ が一致する

$$pG = \pi^{-1}(b)$$

時，P，π，B，G を一つに纏めて，

$$(P, \pi, B, G)$$

これを主ファイバー束 espaces fibrés principaux と呼ぶ［森田：
255］。

　主ファイバー束は，多様体とそのファイバー，構造群とその軌
道，商空間すなわち同値類の集合，言い換えればブルバキの位相
空間，群，同値関係が一堂に会する現代数学の教会堂である。た
とえば現代物理学，量子電磁力学，量子アロマ力学，量子クロモ
力学，超弦理論（量子重力論）はこの主ファイバー束という数学
によって表現される。フランス現代思想の数理メタファーもまた
この主ファイバー束であるかもしれない。

　主ファイバー束が様々な場面で重宝されるのは，以下に示す決
定的な性質を持つからである。いま多様体 P に作用する構造群
G の軌道 pG の集合，すなわち軌道空間あるいは商空間

$$P/G$$

を考える。商空間 P/G の元 pG

$$pG \in P/G$$

は，定義により，多様体 B の元 b

$$b \in B$$

のファイバー $\pi^{-1}(b)$ に等しい。

$$pG = \pi^{-1}(b)$$

これより多様体 B から商空間 P/G への写像が存在することが導かれる。

この等式を射影 π すれば

$$\pi(pG) = b$$

が導かれる。これは商空間 P/G から多様体 B への写像が存在することに他ならない。

それゆえ商空間 P/G と多様体 B の間には写像と逆写像が存在する。すなわち商空間 P/G と多様体 B は同型

$$P/G \cong B$$

である。

全空間すなわち多様体 P を構造群 G で分割した商空間 P/G は底空間すなわち多様体 B と同型である。したがって多様体 B それ自体を商空間 P/G と見做すことができる。多様体 P，それを分割する構造群 G，分割の結果である商空間 B，これで役者は

出揃った。いよいよ主ファイバー束を構成する多様体，構造群，商空間によってフランス現代思想のキーワード，モクレである欲動，構造，仮象を表現する準備が整った。フランス現代思想の数理メタファーとして主ファイバー束が採用される。

5　欲動，構造，対象

　フランス現代思想の帰結は多岐に渡るが，中でも特筆すべき，フランス現代思想が後世に語り継がれるだろう最大の帰結は，人間が何ものからも自由で能動的な主体ではありえず，欲動に駆動され構造に構成される受動的な対象だという帰結である。したがって人間が自由な能動の主体に見えるのは見せ掛け，見掛けすなわち仮象に過ぎない。人間はまず何よりも欲動に駆動される無意識の主体Ｓの対象ａである。その欲動，無意識の主体Ｓが構造，大文字の他者Ａによって差異化され分割されて初めて，人間は対象ａに映る鏡像としての自我a’に構成される。したがって人間は欲動，無意識の主体Ｓを構造，大文字の他者Ａで分割した仮象，対象ａである。

　このフランス現代思想のメタファーを数理という言葉に探れば，欲動，無意識の主体Ｓを多様体，構造，大文字の他者Ａを構造群，仮象，対象ａを商空間で表現する誘惑に駆られないだろうか。すなわち欲動 Pulsion，無意識の主体 Sujet de l'inconscient を多様体 P，構造 Structure，大文字の他者 le grand Autre を構造群 G，仮象 Apparence，対象 Objet, le petit autre を商空間 B で表現する。

　このとき人間は欲動を構造で分割した仮象であるというフランス現代思想の帰結は，多様体 P を構造群 G で分割した商空間 B が人間であるというメタファーで表現される。すなわち

$$\text{Pulsion/Structure} \cong \text{Apparence}$$

というフランス現代思想の帰結は，

$$P/G \cong B$$

という主ファイバー束で表現される。
　ラカンのマテームを使用すれば，

$$S/A \cong a$$

というラカンの帰結は，

$$P/G \cong B$$

という主ファイバー束で表現される。
　僕にはフランス現代思想の欲動を構造で分割した仮象としての人間，あるいはラカンの無意識の主体を大文字の他者で分割した対象としての人間という思想は，多様体を構造群で分割した商空間という数理を予期していた，あるいは待っていたとしか考えられない。それ程までに欲動，構造，仮象のメタファーとして多様

体，構造群，商空間の数理は適切である。

　欲動，構造，仮象のメタファーとして多様体，構造群，商空間の数理を用いることに何かいいことがあるのか。実は多様体を構造群で分割した商空間

$$P/G \cong B$$

という数理が，欲動を構造で分割した仮象という思想を

$$Pulsion/Structure \cong Apparence$$

と表現することを可能にした。

　すなわち欲動を構造で分割するという思想が多様体を構造群で分割するという数理メタファーによって明晰となり，分割の結果が仮象であるという思想が分割の結果が商空間と同型であるという数理メタファーによって明晰となった。数理メタファーはフランス現代思想を日常言語で語るより遥かに明晰にした。「数理でなければ明晰でない Ce qui n'est pas mathématiques n'est pas claire.」。

　もちろん読者の中には数学をメタファーとして用いるという方法それ自体に違和感を覚える向きもあることは十二分に承知している。数学をデータによって実証可能な理論の記述の方法だと考える向きである。数理モデルとは何かについて議論を組み立てることは可能であろう。数理モデルはメタファーなのか検証可能仮説なのか。しかしその議論は最終章まで持ち越そう。ここでは数

学者自身の中にも数学をメタファーと考える人のいることを指摘するだけに留める［Manin：28］。

　フランス現代思想のメタファーとして主ファイバー束の数理が適切であることをたとえ容認したとしても，これによってたとえばラカンの分割された主体 $ のメタファーがメビウスの帯であることや，幻想のマテーム $◇a のメタファーが交差帽であることの理解がどれ程進むと言うのか。メビウスの帯や交差帽といった多様体は商空間 B として現われる。したがってラカンのマテームとそのメタファーであるトポロジーを理解するためには，より具体的な多様体，構造群，商空間を考える必要がある。そこで次章では構造群の具体化としてリー群を，第7章では多様体の具体化として球面を，そして第8章では商空間の具体化として射影空間を考える。このように主ファイバー束を具体化することによって，ラカンのマテームとトポロジーは驚くほど適切な表現であったことが明らかになる。

第6章

リー群

1 線型群
2 直交群
3 ユニタリ群

1　線型群

　フランス現代思想の数理メタファーである主ファイバー束は，多様体 P，構造群 G，商空間 B で構成されていた。本章と続く第 7 章，第 8 章では G，P，B それぞれの具体例を考える。主ファイバー束という数理メタファーはいかにも抽象的だが，その具体例を考えることによって，フランス現代思想を数理メタファーで詠む意味がより鮮明に示される。そもそも数学者その人でさえ抽象的な定義を書き下ろすその背後では常に具体例を考えている。

　構造群 G の具体例はリー群である。リー群とは何か。19世紀末ノルウェーの数学者ソフス・リーの発見した群である。その後ダーフィト・ヒルベルトの有名な20世紀が解くべき数学の問題の一つに，リー群（それを少し一般化した位相群）の抽象的な定義が挙げられたこともあって，リー群さらにはそれを少し一般化した位相群を，自らも多様体さらには位相空間である群と定義するやり方が普通になった。

　しかしここではリー群の抽象的な定義からは出発しない。具体例の話をしているのであるからリー群も具体例で例示する。リー群とは行列の群である。もちろん全ての行列が群になるわけではない。まず n 行 n 列行列すなわち正方行列であらねばならぬ。そのうえで行列式が 0 ではない行列である必要がある。

　いま体 K 上の n 行 n 列の正方行列の集合を

$$M(n, K)$$

と書く。群を作る行列は，M の元 A

$$A \in M(n,K)$$

で，行列式 detA が 0 でない

$$\det A \neq 0$$

ものの集合

$$GL(n,K) = \{A \in M(n,K) \, ; \, \det A \neq 0\}$$

である。この集合 GL(n,K) を線型群 groupes linéaires あるい
は一般線型群と呼ぶ。

　線型群 GL(n,K) が実際に群になっていることを確かめよう。
まず演算の存在である。計算の便宜のため2行2列行列を考える。
実は本書を通じてそれ以上の次元の行列は考えないのだが。線型
群 GL(2,K) の元である行列 A

$$\begin{pmatrix} a & b \\ c & d \end{pmatrix}$$

と行列 B

$$\begin{pmatrix} e & f \\ g & h \end{pmatrix}$$

の積 AB

$$\begin{pmatrix} a & b \\ c & d \end{pmatrix}\begin{pmatrix} e & f \\ g & h \end{pmatrix}$$

は

$$\begin{pmatrix} ae+bg & af+bh \\ ce+dg & cf+dh \end{pmatrix}$$

となり，線型群 GL(2,K) の元である行列 AB

$$AB \in GL(2,K)$$

となっている。すなわち演算は存在する。

　ちなみに積 AB は可換ではない。すなわち積 AB と積 BA は等しくない。

$$AB \neq BA$$

実際，積 BA

$$\begin{pmatrix} e & f \\ g & h \end{pmatrix}\begin{pmatrix} a & b \\ c & d \end{pmatrix}$$

は

$$\begin{pmatrix} ae+cf & be+df \\ ag+ch & bg+dh \end{pmatrix}$$

となり，積 AB とは異なる。

　次に結合律

$$(AB)C=A(BC)$$

が成り立つ。

　単位元 I は

$$\begin{pmatrix} 1 & 0 \\ 0 & 1 \end{pmatrix}$$

と表わされる。実際，積 AI

$$\begin{pmatrix} a & b \\ c & d \end{pmatrix}\begin{pmatrix} 1 & 0 \\ 0 & 1 \end{pmatrix}$$

は

$$\begin{pmatrix} a & b \\ c & d \end{pmatrix}$$

すなわち A

$$AI = A$$

であり，単位元の場合，積 IA

$$\begin{pmatrix} 1 & 0 \\ 0 & 1 \end{pmatrix}\begin{pmatrix} a & b \\ c & d \end{pmatrix}$$

もまた

$$\begin{pmatrix} a & b \\ c & d \end{pmatrix}$$

すなわち A

$$IA = A$$

となる。

　逆元 A^{-1} は

$$\begin{pmatrix} d & -b \\ -c & a \end{pmatrix}/\mathrm{det}A$$

と表わされる。ここに行列 A の行列式 detA は

$$detA＝ad－bc$$

と定義される。detA が逆行列 A^{-1} の分母にあるため

$$detA≠0$$

が，行列が群となるために必要とされる。

　実際，積 $AA^{-1}detA$

$$\begin{pmatrix} a & b \\ c & d \end{pmatrix}\begin{pmatrix} d & -b \\ -c & a \end{pmatrix}$$

は

$$\begin{pmatrix} ad-bc & 0 \\ 0 & ad-bc \end{pmatrix}$$

となり，detA の定義

$$detA＝ad－bc$$

により，積 AA^{-1} は

$$\begin{pmatrix} 1 & 0 \\ 0 & 1 \end{pmatrix}$$

すなわち

$$AA^{-1}=I$$

となる。

　逆元の場合もまた，単位元と同様に，積 $A^{-1}A\det A$

$$\begin{pmatrix} d & -b \\ -c & a \end{pmatrix}\begin{pmatrix} a & b \\ c & d \end{pmatrix}$$

は

$$\begin{pmatrix} ad-bc & 0 \\ 0 & ad-bc \end{pmatrix}$$

となり，積 $A^{-1}A$ は

$$\begin{pmatrix} 1 & 0 \\ 0 & 1 \end{pmatrix}$$

すなわち

$$A^{-1}A = I$$

となる。

逆元 A^{-1} の分母に現われる行列式 $\det A$ を標準化

$$\det A = 1$$

しておくと，議論がスッキリしそうである。

行列 A の行列式 $\det A$ を標準化した線型群

$$SL(n,K) = \{A \in M(n,K) ; \det A = 1\}$$

を特殊線型群 groupes linéaires spéciaux と呼ぶ。特殊線型群
は，後の議論で大活躍する。

以上がリー群の例示である。以下の議論ではこのリー群がさら
に具体化されていく。すなわちリー群が実際に多様体でもあるこ
とが例示される。

2 直交群

リー群すなわち線型群の中で，行列 A の転置行列 A^T が逆行
列 A^{-1} である群

$$O(n) = \{A \in GL(n,R) ; A^T A = I\}$$

を考える。この群 O(n) を直交群 groupes orthogonaux と呼ぶ。

直交群 O(n) は，まず実数体 R 上の群である。次に転置行列 A^T は，2行2列行列を例にとれば，行列 A

$$\begin{pmatrix} a & b \\ c & d \end{pmatrix}$$

に対して，転置行列 A^T は

$$\begin{pmatrix} a & c \\ b & d \end{pmatrix}$$

と書かれる。右肩下がりの対角線上の要素を保存して，右肩上がりの対角線上の要素を置換したと言うべきか。

この転置行列 A^T が逆行列 A^{-1} に等しい。すなわち

$$A^T = A^{-1} \leftrightarrow A^T A = I$$

が成り立つのが直交群 O(n) である。

n=1 の場合を計算してみよう。1次元の場合，線型群 GL(1,R) は1次元ユークリッド空間 R から 0 を除いた空間と一致する。さらに行列 A は実数 a となる。したがって1次元直交群 O(1) は

$$O(1) = \{a \in R ; a^2 = 1\}$$

と表わされる。

　これを計算すれば，1次元直交群 O(1) は，

$$(-1,1)$$

の2点からなる群であることが分かる。これは元が二つで自らが
自らの逆元となっている二番目に単純な群である。ちなみに最も
単純な群は単位元だけを元とする群である。

　この2点

$$(-1,1)$$

は0次元球面 S^0

$$S^0 = \{x \in R \, ; \, x^2 = 1\}$$

に等しい。

　すなわち1次元直交群 O(1) は0次元球面 S^0 に等しい。

$$O(1) = S^0$$

リー群が同時に多様体であることの例示である。

　ここで主ファイバー束において，全空間，多様体 P に作用す
る構造群 G の軌道 pG は，底空間，多様体 B の点 b のファイバ
ー $\pi^{-1}(b)$ と等しかった

$$pG = \pi^{-1}(b)$$

ことを想い起そう。

　いま1次元直交群 O(1) が構造群 G であるとすれば，この場合の点 p は実数1と考えて差し支えないので，

$$O(1) = S^0$$

は，1次元直交群 O(1) の軌道 O(1) が0次元球面 S^0 に等しい，すなわち0次元球面 S^0 をファイバーと見なすことができることを含意する。もちろん現在の文脈では全空間も底空間も射影も特定していないので，0次元球面 S^0 をファイバーと見なす可能性が存在するだけである。次章でこの特定を行うが，その時，0次元球面 S^0 は立派にファイバーとして活躍する。

　リー群が同時に多様体であることの含意は広く深い。たとえばリー群の軌道が多様体のファイバーになっている時，そのファイバーはリー群の等質空間であると呼ぶ。この際，数学者による命名は本質的ではない。むしろ直交群の次元を1から2に上げるだけでも，リー群の軌道と多様体のファイバーの関係はより鮮明に示される。

　行列 A の行列式 detA を標準化した直交群

$$SO(n) = \{A \in SL(n,R) ; A^T A = I\}$$

を考える。この直交群を，特殊直交群 groupes orthogonaux

spéciaux と呼ぶ。

n＝2 の場合を考えれば，2次元特殊直交群 SO(2) とは，行列 A

$$\begin{pmatrix} a & b \\ c & d \end{pmatrix}$$

の転置行列 A^{T}

$$\begin{pmatrix} a & c \\ b & d \end{pmatrix}$$

が，逆行列 A^{-1}

$$\begin{pmatrix} d & -b \\ -c & a \end{pmatrix}$$

に等しい。ただし標準化条件

$$\det A = ad - bc = 1$$

の下で，と定義される。

この定義を充たす2次元特殊直交群 SO(2) は

$$\begin{pmatrix} \cos\theta & \sin\theta \\ -\sin\theta & \cos\theta \end{pmatrix}$$

と書ける。確かにこの SO(2) は，転置行列と逆行列が等しく，標準化条件

$$\cos^2\theta + \sin^2\theta = 1$$

を充たしている。

　2次元特殊直交群 SO(2) が作用するとはどういうことか。いま SO(2) が作用する対象として1次元球面 S^1

$$S^1 = \{(\cos\eta, \sin\eta) \in R^2 ; 0 \leq \eta \leq 2\pi\}$$

を考えてみよう。

　1次元球面 S^1 を図示すれば（図6-1），

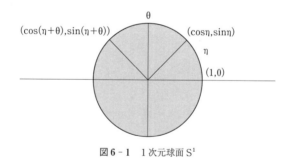

図6-1　1次元球面 S^1

である。

　2次元特殊直交群 SO(2) を1次元球面 S^1 に作用させるとは，S^1 の点

$$(\cos\eta, \sin\eta)$$

と SO(2) の積

$$(\cos\eta, \sin\eta)SO(2)$$

が存在することに他ならない。SO(2) は

$$\begin{pmatrix} \cos\theta & \sin\theta \\ -\sin\theta & \cos\theta \end{pmatrix}$$

なのであるから，積は

$$(\cos\eta\cos\theta - \sin\eta\sin\theta, \cos\eta\sin\theta + \sin\eta\cos\theta)$$

となる。

　三角関数の加法定理により，S^1 の点と SO(2) の積は，

$$(\cos(\eta+\theta), \sin(\eta+\theta))$$

と結果する。これは S^1 の点に対して SO(2) が作用することによって，点が角 θ 分，回転させられたことを意味する。2次元特殊直交群 SO(2) の1次元球面 S^1 への作用とは，S^1 の点を角 θ 回転させることに他ならない。

　群の作用とは何かがこのように明瞭になれば，群の軌道とは何

かも鮮明となろう。いまベクトル $(1,0)$ を通る 2 次元特殊直交群 $SO(2)$ の軌道

$$(1,0)SO(2)$$

を考えれば，1 次元球面 S^1

$$S^1 = \{(\cos\theta, \sin\theta) \in R^2 \; ; \; 0 \leq \theta \leq 2\pi\}$$

に等しい。すなわち

$$(1,0)SO(2) = S^1$$

である。これは構造群 $SO(2)$ の軌道に等しい多様体 S^1 がファイバーである可能性を示している。この S^1 ファイバーもまた，次章以降で大活躍する。

3 ユニタリ群

リー群すなわち線型群の中で，最も人口に膾炙されるのは，複素数体 C 上の線型群で，転置共役行列 $\overline{A^T}$ が逆行列 A^{-1} に等しい

$$U(n) = \{A \in GL(n,C) \; ; \; \overline{A^T}A = I\}$$

である。この線型群 U(n) を，ユニタリ群 groupes unitaires と呼ぶ。

転置共役行列 $\overline{A}^T$ の説明が必要であろう。転置行列 A^T は直交群における定義と同一であるが，ユニタリ群は複素数体 C 上の線型群なので，転置行列 A^T は共役行列 $\overline{A}$ でもあらねばならない。複素数は，x,y を実数，i を虚数単位として

$$x+iy$$

と書かれる。共役複素数とは，この複素数の虚数単位 i を −i で置き換えた

$$x-iy$$

である。共役行列 $\overline{A}$ とは，行列 A の要素である複素数を，全て共役複素数に置き換えた行列に他ならない。

簡便のために転置共役行列 $\overline{A}^T$ を

$$\overline{A}^T=A^*$$

と表記しよう。この表記の便利な点は，転置共役という二つの操作を一つのアスタリスクで表わせることだけではない。この表記を複素数 z

$$z=x+iy$$

に援用すれば，複素数それ自体は転置されえないので，

$$z^* = x - iy$$

となり，z^* で共役複素数を表わすことができる。一石二鳥だ（フォントの節約になる）。

　この表記を用いて，改めてユニタリ群 $U(n)$ を定義すれば，

$$U(n) = \{A \in GL(n,C)\,;\, A^*A = I\}$$

となる。

　$n = 1$ の場合を計算しよう。1次元，正確には複素1次元の場合，線型群 $GL(1,C)$ は複素数体 C から 0 を除いた複素平面である。行列 A は複素数 z のみを要素とする。したがって1次元ユニタリ群 $U(1)$ は，

$$U(1) = \{z \in C\,;\, z^*z = 1\}$$

と表わされる。

　この $U(1)$ を充たす元 z は，

$$z = \cos\theta + i\sin\theta$$

となっている。実際 z の共役 z^* は，

$$z^* = \cos\theta - i\sin\theta$$

であり，z と z* の積は，

$$z^*z = \cos^2\theta + \sin^2\theta = 1$$

となって，条件を充たす。

あるいはオイラーの公式

$$\cos\theta + i\sin\theta = e^{i\theta}$$

を想い起せば，1次元ユニタリ群 U(1) の元 z は，

$$z = e^{i\theta}$$

と表わされ，z の共役 z* は，

$$z^* = e^{-i\theta}$$

と表わされ，z と z* の積は，

$$z^*z = e^0 = 1$$

となって，条件を充たす。

1次元ユニタリ群 U(1) の表現として，

$$U(1) = \{e^{i\theta} \in C\}$$

が最もポピュラーであろう。リー群と言えばまずこの表現が思い浮かべられる。

この表現は複素平面 C 上の 1 次元球面 S^1

$$S^1 = \{\cos\theta + i\sin\theta \in C\} = \{e^{i\theta} \in C\}$$

と一致する。すなわち

$$U(1) = S^1$$

である。

ここで再び主ファイバー束においては，全空間としての多様体 P に作用する構造群 G の軌道 pG が，底空間としての多様体 B の点 b のファイバー $\pi^{-1}(b)$ に等しかった

$$pG = \pi^{-1}(b)$$

ことを想い起そう。複素 1 次元の場合，P の元 p は 1 であって差し支えないので，1 次元ユニタリ群 $U(1)$ を構造群とすれば，1 次元球面 S^1 はファイバーの可能性を持つと考えられる。実際，次章以降 S^1 ファイバーは，S^0 ファイバーと並んで，八面六臂の大活躍をするだろう。

複素 2 次元の場合を検討するため，行列 A の行列式 detA が

標準化されたユニタリ群

$$SU(n) = \{A \in SL(n,C)\,;\,A^*A = I\}$$

を考えよう。このユニタリ群 $SU(n)$ を，特殊ユニタリ群 groupes unitaires spéciaux と呼ぶ。

　複素 2 次元特殊ユニタリ群 $SU(2)$ を計算しよう。このとき $SU(2)$ の元である行列 A

$$\begin{pmatrix} a & b \\ c & d \end{pmatrix}$$

に対して，その転置共役行列 A* は，

$$\begin{pmatrix} a^* & c^* \\ b^* & d^* \end{pmatrix}$$

となり，この A* が逆行列 A⁻¹

$$\begin{pmatrix} d & -b \\ -c & a \end{pmatrix}$$

に等しい。ただし標準化条件

$$\det A = ad - bc = 1$$

が充たされている。

この条件を充たす SU(2) の元は，x,y を複素数として，

$$\begin{pmatrix} x & y \\ -y^* & x^* \end{pmatrix}$$

かつ，

$$x^*x+y^*y=1$$

で与えられる。

実際，

$$\begin{pmatrix} x & y \\ -y^* & x^* \end{pmatrix}$$

の転置共役行列は，

$$\begin{pmatrix} x^* & -y \\ y^* & x \end{pmatrix}$$

となり，積は，

$$\begin{pmatrix} x^*x+y^*y & 0 \\ 0 & x^*x+y^*y \end{pmatrix}$$

となる。

条件

$$x^*x + y^*y = 1$$

により，積は単位行列 I

$$\begin{pmatrix} 1 & 0 \\ 0 & 1 \end{pmatrix}$$

となっている。

いま複素ベクトル

$$(1,0)$$

を通る複素2次元特殊ユニタリ群 SU(2) の軌道

$$(1,0)SU(2)$$

を考えれば，これまでの計算により，

$$(1,0)SU(2) = (x,y)$$

かつ

$$x^*x + y^*y = 1$$

である。

　これは SU(2) の軌道

$$(1,0)SU(2)$$

が，3 次元球面 S^3

$$S^3 = \{(x,y) \in C^2 \, ; \, x^*x + y^*y = 1\}$$

に等しいことを意味する。もし SU(2) が構造群となる場面があ
れば，S^3 がファイバーだ。

第7章

球　面

1　1―球面
2　メビウスの帯
3　3―球面

1 1—球面

　前章で構造群の具体例としてリー群を見たので，本章では全空間あるいは底空間としての多様体の具体例を考え，商空間の具体例に迫る。まず全空間としての多様体の具体例に1次元球面，1—球面 S^1

$$S^1=\{(x,y)\in R^2 ; x^2+y^2=1\}$$

を考えよう。

　多様体はユークリッド空間の貼り合わせによって構成される。このことは1—球面 S^1 の構成を分析すると見えてくる。いま

$$y\neq 0$$

の場合に，1—球面 S^1 の点

$$(x,y)$$

を y で割った

$$(x/y,1)$$

を考える。

比 x/y は 1 次元ユークリッド空間 R 全域を動けるので,

$$R＝\{(x/y,1) ; y≠0\}$$

である。

残された

$$y＝0$$

の場合, 1—球面 S^1 の点は,

$$(x,0)$$

かつ

$$x^2＝1$$

となる。すなわち y＝0 の場合, 1—球面 S^1 の点は,

$$S^0＝\{(x,0) ; x^2＝1\}$$

となる。

したがって 1—球面 S^1 は

$$S^1＝R∪S^0$$

に分析される。1—球面 S^1 は1次元ユークリッド空間 R と0次元球面，0—球面 S^0 の合併である。

　続いて底空間としての多様体の例に再び1—球面 S^1

$$S^1 = \{(x,y) \in R^2 \; ; \; x^2 + y^2 = 1\}$$

を考えよう。今度は1—球面 S^1 の異なった構成方法をみる。

　1—球面 S^1 を図示する（図7‐1）。

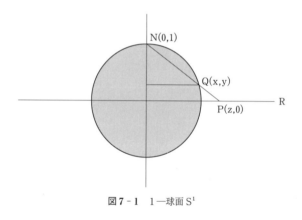

図7‐1　1—球面 S^1

　いま1—球面 S^1 の頂点 N

$$N(0,1)$$

から，原点を通る1次元ユークリッド空間 R へ直線を降ろし，その交点を

$$P(z,0)$$

とする。

　この直線は 1—球面 S^1 と交わるので，その交点を

$$Q(x,y)$$

とおく。

　このとき点 P と点 Q の間には，頂点 N を除けば，

$$z=x/(1-y)$$

という関係が存在する。三角形における辺の比の関係である。

　このことをいかにも数学の命題らしく書けば， 1—球面 S^1 の頂点 $N(0,1)$ を除く任意の点 $Q(x,y)$ から 1 次元ユークリッド空間 R 上の点 $P(z,0)$ への写像

$$(x,y)\in S^1-(0,1)\rightarrow z=x/(1-y)\in R$$

が存在する。

　この関係を，たとえば x について解いて，

$$x=z(1-y)$$

S^1 の方程式

$$x^2 + y^2 = 1$$

に代入して整理すれば,

$$(z^2+1)y^2 - 2z^2 y + z^2 - 1 = 0$$

これは y についての2次方程式となっている。

　2次方程式の根の公式を使えば,

$$y = (2z^2 \mp \sqrt{(4z^4 - 4(z^2+1)(z^2-1))})/2(z^2+1)$$

これを計算すると

$$y = (z^2 \mp 1)/(z^2+1)$$

である。

　いま

$$y = 1$$

の場合は除かれているので,

$$y = (z^2-1)/(z^2+1)$$

である。

したがって

$$x = 2z/(z^2+1)$$

となり，任意の z に対して S^1 の点

$$z \in R \to (2z/(z^2+1), (z^2-1)/(z^2+1)) \in S^1-(0,1)$$

が対応する写像が存在する。

　すなわち 1 ―球面 S^1 から 1 点 $(0,1)$ を除いた多様体と 1 次元ユークリッド空間 R は同型である。

$$S^1-(0,1) \cong R$$

　では 1 点 $(0,1)$ をどう取り扱うか。いま 1 点 $(0,1)$ は R 上には存在しない 1 点 ∞ と 1 ― 1 に対応する

$$(0,1) \in S^1 \leftrightarrow \infty \notin R$$

と考えよう。この 1 点 ∞ を，無限遠点 point à l'infini と呼ぶ。この点がなぜ無限遠点と呼ばれるに至ったかには言うまでもなく歴史がある。しかし本書では歴史叙述は割愛する。興味のある向きはたとえば拙著を参照のこと［落合，2011：16-25］。

　無限遠点を導入すると， 1 ―球面 S^1 と 1 次元ユークリッド空間 R に無限遠点 ∞ を加えた多様体が一致する。

$$S^1 = R \cup \{\infty\}$$

1―球面 S^1 のもう一つの構成方法である。

　以上の考察によって、全空間としての多様体 S^1 から底空間としての多様体 S^1 への射影 π

$$\pi : S^1 \to S^1$$

が定義される。すなわち

$$\pi : R \cup S^0 \to R \cup \{\infty\}$$

本質的には

$$\pi : S^0 \to \{\infty\}$$

である。

　底空間 S^1 の1点 ∞ の逆像すなわちファイバー $\pi^{-1}(\infty)$ は

$$\pi^{-1}(\infty) = S^0$$

0―球面 S^0 である。前章で検討したように、S^0 は1次元直交群 $O(1)$ と一致する。

$$S^0 = O(1)$$

すなわち 1 次元直交群 $O(1)$ は，主ファイバー束

$$(S^1, \pi, S^1, S^0)$$

の構造群となっている。

　したがって主ファイバー束の定義により

$$S^1/S^0 \cong S^1$$

が成り立つ。全空間としての 1 —球面 S^1 を構造群としての 1 次元直交群 S^0 で分割した商空間 S^1/S^0 は底空間としての 1 —球面 S^1 と同型である。

2　メビウスの帯

　しかし 1 —球面 S^1 を 1 次元直交群 S^0 で分割した商空間が再び 1 —球面 S^1 と同型である

$$S^1/S^0 \cong S^1$$

とはいささか奇妙ではないか。ここにトポロジーと呼ばれる数学のギミックが隠されている。

　いま 1 —球面 S^1 を 1 次元直交群 S^0 で分割することを図示してみよう（図 7 - **2**）。

　S^1 を S^0

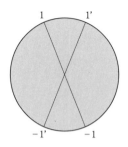

図7‑2　1次元直交群 S^0 による1—球面 S^1 の分割

$$S^0 = \{-1, 1\}$$

で分割するとは，S^1 上の S^0 なる同値類を数え上げることに他ならない。したがって同値類 S^0 は1点に同一視される。すなわち S^1 上の点1と点 -1 は同一視される。

　S^1 上の点1と点 -1 は，S^1 の中心を通る対角線の両端に位置する。これは S^1 上のもう一つの点 1' とそれに同一視される点 -1' も同様である。したがって S^1 上の点1と点 -1，点 1' と点 -1' を同時に同一視するためには，たとえば点1と点 1' を捩じって，点 -1 と点 -1' に重ね合わせねばならない。メビウスの帯の出現である。

　すなわち1—球面 S^1 を1次元直交群 S^0 で分割した商空間が同型となる1—球面 S^1 はメビウスの帯となっている。いまメビウスの帯を

$$P^1(R)$$

で表わすことにすれば，S^1 を S^0 で分割した商空間と同型になる S^1 は，$P^1(R)$ と同相

$$S^1 \simeq P^1(R)$$

である。このメビウスの帯の記号表現は次章で詳しく説明する。

　以上の考察により，1—球面 S^1 を 1 次元直交群 S^0 で分割した商空間はメビウスの帯 $P^1(R)$ と同型になる。

$$S^1/S^0 \cong P^1(R)$$

　第 3 章で述べたように，ジャック・ラカンはこのメビウスの帯 $P^1(R)$ を，分割された主体 $\$$ の数理メタファーであると考えた。ラカンのマテームのトポロジー表現は果たして適切なのか。

　そもそも分割された主体 $\$$ とは，無意識の主体 S が大文字の他者 A によって分割された事態であった。この事態を多様体の構造群による分割という数理で表現すれば，無意識の主体 S を多様体で表現し，大文字の他者 A を構造群で表現した時，分割された主体 $\$$ は商空間で表現されよう。すなわち

$$S/A \cong \$$$

である。

　分割された主体 $\$$ の数理メタファーがメビウスの帯 $P^1(R)$ であるというラカンの主張は，無意識の主体 S が多様体 S^1 で表現

され，大文字の他者 A が構造群 S^0 で表現されるならば，きわめて適切である。すなわち

$$S/A = S^1/S^0 \cong P^1(R) = \$$$

が成り立つ。

　アラン・ソーカルはラカンの数理メタファーの使用を口汚く侮蔑した。しかし少しでも数理に造詣があるならば，ラカンの数理メタファーが，あと少しの手助けできわめて適切になることは明らかであった。馬鹿はどっちだという話である。

3　3─球面

　前節までの議論のようにメビウスの帯といった裏表区別できない向き付け不能な多様体が出てくるのは，実ユークリッド空間 R^n を貼り合わせた多様体を考えることに起因する。複素ユークリッド空間 C^n を貼り合わせた多様体を考えれば，向き付け不能な魅力的ではあるがいま一つ見通しの悪い多様体は出てこない。

　そこで全空間としての多様体に 3 次元球面，3─球面 S^3

$$S^3 = \{(x,y) \in C^2 \,;\, x^*x + y^*y = 1\}$$

を考えよう。

　いま

$$y \neq 0$$

の場合を考え，S^3 の点

$$(x, y)$$

を y で割った

$$(x/y, 1)$$

を見れば，比 x/y は複素平面 C の全域を動くので，

$$C = \{(x/y, 1)\,;\, y \neq 0\}$$

が成り立つ。

残った

$$y = 0$$

の場合，点

$$(x, 0)$$

は，

$$S^1 = \{(x,0)\,;\,x^*x = 1\}$$

を充たす。

したがって3―球面S^3

$$S^3 = C \cup S^1$$

は，複素1次元ユークリッド空間Cと1―球面S^1の合併に分析される。

底空間としての多様体に2次元球面，2―球面S^2

$$S^2 = \{x \in C, t \in R\,;\,x^*x + t^2 = 1\}$$

を考えよう。

いま2―球面S^2を図示すれば（図7‐3）

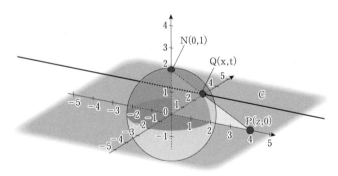

図7‐3　2―球面S^2

S^2 の北極点

$$N(0,1)$$

から赤道面 C へ降ろした直線の足を

$$P(z,0)$$

とすれば，この直線は S^2 と交わるので，その交点を

$$Q(x,t)$$

とおく。

このとき複素平面 C の点 z

$$z \in C$$

は，2—球面 S^2 から北極点 $(0,1)$ を除いた点 (x,t)

$$(x,t) \in S^2 - (0,1)$$

によって

$$z = x/(1-t)$$

と表わせる。三角形の辺の比の関係である。

いまこの関係を x について解いて

$$x = z(1-t)$$

S^2 の方程式

$$x^*x + t^2 = 1$$

に代入し整理すれば

$$(z^*z+1)t^2 - 2z^*zt + (z^*z-1) = 0$$

これは t についての2次方程式である。

2次方程式の根の公式を用いれば

$$t = (2z^*z \mp \sqrt{4(z^*z)^2 - 4(z^*z+1)(z^*z-1)})/2(z^*z+1)$$

であり，

$$t = 1$$

の場合は除かれているので，

$$t = (z^*z-1)/(z^*z+1)$$

となる。

したがって

$$x = 2z/(z^*z+1)$$

であり，S^2 の $(0,1)$ を除いた点

$$(x,t) \in S^2 - (0,1)$$

は，C の点

$$z \in C$$

で表わすことができる。

ゆえに2―球面 S^2 から1点 $(0,1)$ を除いた多様体と複素平面 C は同型である。

$$S^2 - (0,1) \cong C$$

それでは1点 $(0,1)$ をどう扱うか。再び無限遠点の登場である。複素平面 C 上にない1点

$$\infty \notin C$$

を考え，無限遠点と呼ぶ。S^2 の1点 $(0,1)$ は，この無限遠点 ∞

と 1―1 に対応する。

$$(0,1) \in S^2 \leftrightarrow \infty \notin C$$

したがって C に無限遠点∞を加えた多様体は S^2 と一致する。

$$S^2 = C \cup \{\infty\}$$

このように表現された2―球面を，歴史的な理由で，リーマン球面 sphère de Riemann と呼ぶ。

　以上の準備により，全空間としての多様体 S^3 から底空間としての多様体 S^2 への射影

$$\pi : S^3 \rightarrow S^2$$

が定義される。すなわち

$$\pi : C \cup S^1 \rightarrow C \cup \{\infty\}$$

本質的には

$$\pi : S^1 \rightarrow \{\infty\}$$

である。この射影 π もまた，発見者に因んで，ホップ写像 représentation d'Hopf と呼ぶ。

底空間 S^2 の1点 ∞ の逆像すなわちファイバーは

$$\pi^{-1}(\infty)=S^1$$

である。前章でみたように S^1 は1次元ユニタリ群 $U(1)$ に一致する。

$$S^1=U(1)$$

したがって1次元ユニタリ群 S^1 は，主ファイバー束

$$(S^3,\pi,S^2,S^1)$$

の構造群となっている。

主ファイバー束の定義により，

$$S^3/S^1\cong S^2$$

が成り立つ。多様体 S^3 を構造群 S^1 で分割した商空間は S^2 と同型である。

この関係は美しいと言っていいのではないか。欲動の数理メタファーとして多様体 S^3，構造の数理メタファーとして構造群 S^1，このとき欲動を構造で分割した仮象としての人間の数理メタファーは商空間 S^2 となる。フランス現代思想の数理メタファーは存在すると僕が確信した瞬間である。

第8章

射影空間

1　実射影空間

2　交差帽

3　複素射影空間

1 実射影空間

　前章では全空間あるいは底空間としての多様体に1―球面，2―球面，3―球面といった低次元の多様体を考えた。本章ではこれを一挙に高次元化する。高次元化することによって低次元多様体の持つ想像しやすさ，微妙なニュアンスは失われよう。しかし高次元化しなければ見えてこないこともある。本書の文脈で言えば，商空間としての多様体の持つきわめて特徴的な性質がそれである。

　全空間としての多様体にn次元球面，n―球面 S^n

$$S^n = \{ (x_0, \cdots, x_n) \in R^{n+1} \,;\, x_0{}^2 + \cdots + x_n{}^2 = 1 \}$$

を考えよう。

　いま

$$x_n \neq 0$$

の場合，S^n の点

$$(x_0, \cdots, x_n)$$

を，x_n で割った

$$(x_0/x_n, \cdots, x_{n-1}/x_n, 1)$$

は，n 次元ユークリッド空間 R^n の全域を動くので，

$$R^n = \{(x_0/x_n, \cdots, x_{n-1}/x_n, 1) \,;\, x_n \neq 0\}$$

である。

　残った

$$x_n = 0$$

の場合，S^n の点は

$$(x_0, \cdots, x_{n-1}, 0)$$

かつ

$$x_0{}^2 + \cdots + x_{n-1}{}^2 = 1$$

なので，

$$S^{n-1} = \{(x_0, \cdots, x_{n-1}, 0) \in R^n \,;\, x_0{}^2 + \cdots + x_{n-1}{}^2 = 1\}$$

である。

　したがって n 一球面 S^n は，n 次元ユークリッド空間 R^n と

n−1 球面 S^{n-1} の合併

$$S^n = R^n \cup S^{n-1}$$

で表わされる。

これは漸化式である。これを解けば

$$S^n = R^n \cup R^{n-1} \cup \cdots \cup R \cup S^0$$

となる。すなわち n —球面 S^n は，1 から n まで全次元のユークリッド空間と 0 —球面 S^0 の合併である。

ここで底空間に新しく定義される多様体，n 次元実射影空間 espaces projectifs réels

$$P^n(R) = \{(x_0, \cdots, x_n) \in R^{n+1} - \{0\}, \lambda \in R - \{0\}; (x_0, \cdots, x_n) \sim \lambda(x_0, \cdots, x_n)\}$$

を考えよう。

射影空間は，ある多様体が射影された影としての多様体である。射影空間が何故この定義で表現されるに至ったかには長い歴史がある。その歴史の叙述には一冊の書物が必要だろう。本書ではその歴史には触れず，結果として現われた定義にのみ注目する。射影空間とは，その点とその点を λ 倍（1/λ 倍）した点を一つの同値類として分割したユークリッド空間である。

射影空間の定義がいま一つ呑み込めなくても，射影空間を実際に使用してみればその意義は自ずと明らかになる。いま

$$x_n \neq 0$$

の場合，$P^n(R)$ の点

$$(x_0, \cdots, x_n)$$

を，x_n で割った

$$(x_0/x_n, \cdots, x_{n-1}/x_n, 1)$$

は，R^n の全域を動くので，

$$R^n = \{(x_0/x_n, \cdots, x_{n-1}/x_n, 1) ; x_n \neq 0\}$$

　残った

$$x_n = 0$$

の場合，$P^n(R)$ の点

$$(x_0, \cdots, x_{n-1}, 0)$$

は，

$$P^{n-1}(R) = \{(x_0, \cdots, x_{n-1}, 0) \in R^n - \{0\}, \lambda \in R - \{0\} ; (x_0, \cdots, x_{n-1}, 0) \sim \lambda(x_0, \cdots, x_{n-1}, 0)\}$$

を充たす。

　したがって n 次元実射影空間 $P^n(R)$ は，n 次元ユークリッド空間 R^n と n−1 次元実射影空間 $P^{n-1}(R)$ の合併

$$P^n(R)=R^n \cup P^{n-1}(R)$$

で表わされる。

　これは漸化式なので解けば，

$$P^n(R)=R^n \cup R^{n-1} \cup \cdots \cup R \cup P^0(R)$$

となる。

　0 次元実射影空間 $P^0(R)$

$$P^0(R)=\{x_0 \in R-\{0\}, \lambda \in R-\{0\} ; x_0 \sim \lambda x_0\}$$

とは何だろうか。これは 0 を除く実数直線上で，1 点 x_0 の実数倍は全て同値だと言うのであるから，$P^0(R)$ の元は 1 点のみとなる。そこで $P^0(R)$ の元は無限遠点 ∞ 1 点のみと考えよう。

$$P^0(R)=\{\infty\}$$

　このとき 1 次元実射影空間 $P^1(R)$

$$P^1(R)=R \cup P^0(R)$$

は，

$$P^1(R) = R \cup \{\infty\}$$

と表わせる。

　前章で述べたように，これはメビウスの帯である。すなわち1次元実射影空間 $P^1(R)$ がメビウスの帯の正体である。1次元実射影空間 $P^1(R)$ は，言うまでもなく1—球面 S^1 と同相

$$P^1(R) \simeq S^1$$

になっている。

　以上の考察により，n—球面 S^n から n 次元実射影空間 $P^n(R)$ への射影 π

$$\pi : S^n \to P^n(R)$$

が定義される。すなわち

$$\pi : R^n \cup R^{n-1} \cup \cdots \cup R \cup S^0 \to R^n \cup R^{n-1} \cup \cdots \cup R \cup \{\infty\}$$

本質的には

$$\pi : S^0 \to \{\infty\}$$

である。

P^n(R) の1点∞の逆像すなわちファイバーは

$$\pi^{-1}(\infty)=S^0$$

S^0 は，1次元直交群 O(1) と一致する

$$S^0=O(1)$$

ので，主ファイバー束

$$(S^n,\pi,P^n(R),S^0)$$

の構造群となっている。

したがって主ファイバー束の定義により

$$S^n/S^0\cong P^n(R)$$

が成り立つ。多様体 S^n を構造群 S^0 で分割した商空間は射影空間 P^n(R) と同型である。すなわち射影空間とは多様体を構造群で分割した商空間として現われる多様体に他ならない。

2　交差帽

第3章に述べた交差帽は，前節に述べた n 次元実射影空間

$P^n(R)$ の $n=2$ の場合である。すなわち交差帽とは，2次元実射影空間

$$P^2(R)=R^2 \cup P^1(R)$$

に他ならない。なるほど $P^2(R)$ はメビウスの帯 $P^1(R)$ に2次元ユークリッド空間 R^2 を貼り合わせた多様体となっている。

しかしこの説明では $P^2(R)$ がなぜ交差帽という特別な名前で呼ばれるか理解しがたい。そこで $P^2(R)$ がどのような商空間であったのか想い起す必要がある。

$$S^2/S^0 \cong P^2(R)$$

すなわち $P^2(R)$ は，2—球面 S^2 を1次元直交群 S^0

$$S^0=\{-1,1\}$$

で分割した商空間と同型であった。

2—球面 S^2 として地球の表面を考えると分かりやすい。2—球面 S^2 を1次元直交群 S^0 で分割するとは，地球表面の点1をこの点から地球の中心を通る対角線上の反対に位置する地球表面の点 -1 と同一視した多様体を考えることに他ならない。たとえばユーラシア大陸東岸の Qingdao（青島）を点1とすれば，点 -1は概ね南アメリカ大陸東岸の Buenos Aires である。もう一つの点1'をユーラシア大陸南岸の Bangkok とすれば，点 $-1'$

は概ね南アメリカ大陸西岸の Lima である。Qingdao を Buenos Aires と，Bangkok を Lima と同時に同一視するためには，たとえば Qingdao-Bangkok 線を捩じって Buenos Aires-Lima 線に重ね合わせねばならない。再びメビウスの帯の出現である。

　したがって2—球面 S^2 を1次元直交群 S^0 で分割するとは，ユーラシア大陸の位置する半球を捩じって南アメリカ大陸の位置する半球に重ね合わせることに他ならない。この半球をカトリックの僧侶の被る縁なし帽に見立てることによって，2—球面 S^2 を1次元直交群 S^0 で分割した商空間 $P^2(R)$ を交差帽と呼びうることになる。なかなかに穿ったメタファーではないか。

　第3章で述べたように，ジャック・ラカンはこの交差帽，すなわち2次元実射影空間 $P^2(R)$ を，幻想のマテーム

$$\$ \diamond a$$

の数理メタファーと考えた。

　前章で検討したように，分割された主体 $\$$ は

$$\$ \cong S/A$$

無意識の主体 S が大文字の他者 A に分割されたものとして理解しえた。

　対象 a は無意識の主体，欲動の対象としての人間であり，大文字の他者，構造に対する小文字の他者としての人間であった。この対象 a における鏡像として自我 a' が把握されていることは

言うまでもない。

それではポアンソン◇とは何か。対象 a としての人間は無意識の主体 S の欲動と大文字の他者 A の構造によって完全に決定される仮象あるいは幻想であった。すなわち

$$S/A \cong a$$

が成り立つ。

このときポアンソン◇は同型≅である他はない。

$$\diamond = \cong$$

ポアンソン poinçon の辞書的な意味に「刻印」がある。まさにポアンソン◇とは，無意識の主体 S を大文字の他者 A で分割した商空間 S/A が対象 a としての人間に刻印されることに他ならない。同型≅とは，右辺（左辺）が左辺（右辺）の刻印であることに他ならないからである。

幻想のマテームとは，人間が欲動と構造によって完全に決定される仮象あるいは幻想であることを言明するマテームである。その数理メタファーが交差帽すなわち2次元実射影空間であることは，無意識の主体 S の数理メタファーとして2—球面 S^2，大文字の他者 A の数理メタファーとして1次元直交群 S^0 を考えれば，きわめて適切である。すなわち

$$S/A = S^2/S^0$$

このとき

$$S^2/S^0 \cong P^2(R)$$

が成り立つので，幻想のマテーム

$$S/A \cong a$$

より，

$$P^2(R) = a$$

が導かれる。交差帽すなわち 2 次元実射影空間は対象 a に等しい。

幻想のマテームは，幻想あるいは仮象すなわち対象としての人間の数理メタファーに射影空間が適切であることを含意する。幻想あるいは仮象とはまさしく何ものかの射影に他ならない。

3　複素射影空間

複素ユークリッド空間 C^n を貼り合わせた多様体を高次元化しよう。全空間としての多様体に $2n+1$ 次元球面，$2n+1$ ―球面

$$S^{2n+1} = \{(z_0, \cdots, z_n) \in C^{n+1} \,;\, z_0{}^* z_0 + \cdots + z_n{}^* z_n = 1\}$$

を考える。

いま

$$z_n \neq 0$$

の場合，S^{2n+1} の点

$$(z_0, \cdots, z_n)$$

を，z_n で割った

$$(z_0/z_n, \cdots, z_{n-1}/z_n, 1)$$

は，n 次元複素ユークリッド空間 C^n を自由に動くので，

$$C^n = \{(z_0/z_n, \cdots, z_{n-1}/z_n, 1) \,;\, z_n \neq 0\}$$

残った

$$z_n = 0$$

の場合，S^{2n+1} の点は

$$(z_0, \cdots, z_{n-1}, 0)$$

となり，かつ

$$z_0{}^* z_0 + \cdots + z_{n-1}{}^* z_{n-1} = 1$$

を充たすので，

$$S^{2n-1} = \{ (z_0, \cdots, z_{n-1}, 0) \in C^n \, ; \, z_0{}^* z_0 + \cdots + z_{n-1}{}^* z_{n-1} = 1 \}$$

が成り立つ。

　したがって S^{2n+1} は，C^n と S^{2n-1} の合併

$$S^{2n+1} = C^n \cup S^{2n-1}$$

で表わせる。

　これは漸化式なので解けば，

$$S^{2n+1} = C^n \cup C^{n-1} \cup \cdots \cup C \cup S^1$$

となる。

　底空間としての多様体に，n 次元複素射影空間 espaces projectifs complexes

$$P^n(C) = \{ (z_0, \cdots, z_n) \in C^{n+1} - \{0\}, \lambda \in C - \{0\} \, ; \, (z_0, \cdots, z_n) \sim \lambda(z_0, \cdots, z_n) \}$$

を考える。

いま

$$z_n \neq 0$$

の場合，$P^n(C)$ の点

$$(z_0, \cdots, z_n)$$

を，z_n で割った

$$(z_0/z_n, \cdots, z_{n-1}/z_n, 1)$$

は，C^n を自由に動くので，

$$C^n = \{(z_0/z_n, \cdots, z_{n-1}/z_n, 1) ; z_n \neq 0\}$$

残った

$$z_n = 0$$

の場合，$P^n(C)$ の点は

$$(z_0, \cdots, z_{n-1}, 0)$$

となり，

$$P^{n-1}(C)=\{(z_0,\cdots,z_{n-1},0)\in C^n-\{0\},\lambda\in C-\{0\};(z_0,\cdots,z_{n-1},0)\sim\lambda(z_0,\cdots,z_{n-1},0)\}$$

を充たす。

したがって $P^n(C)$ は，C^n と $P^{n-1}(C)$ の合併

$$P^n(C)=C^n\cup P^{n-1}(C)$$

で表わせる。

これは漸化式なので解けば

$$P^n(C)=C^n\cup C^{n-1}\cup\cdots\cup C\cup P^0(C)$$

となる。

0 次元複素射影空間

$$P^0(C)=\{z_0\in C-\{0\},\lambda\in C-\{0\}\ ;\ z_0\sim\lambda z_0\}$$

とは何か。これは原点を除いた複素平面 C 上の 1 点 z_0 の複素数倍は全て同値類と見なすと言うのであるから，$P^0(C)$ の元は 1 点のみとなる。そこで $P^0(C)$ の元は無限遠点 ∞ 1 点のみ

$$P^0(C)=\{\infty\}$$

と考えよう。

このとき 1 次元複素射影空間は

$$P^1(C) = C \cup \{\infty\}$$

と表わせる。これは前章に述べたリーマン球面である。すなわち
リーマン球面とは1次元複素射影空間のまたの名に他ならない。

　リーマン球面すなわち1次元複素射影空間 $P^1(C)$ は，2—球
面 S^2 と同相

$$P^1(C) \simeq S^2$$

である。

　以上の準備により，$2n+1$—球面 S^{2n+1} から n 次元複素射影空
間 $P^n(C)$ への射影 π

$$\pi : S^{2n+1} \to P^n(C)$$

が定義される。すなわち

$$\pi : C^n \cup C^{n-1} \cup \cdots \cup C \cup S^1 \to C^n \cup C^{n-1} \cup \cdots \cup C \cup \{\infty\}$$

本質的には

$$\pi : S^1 \to \{\infty\}$$

である。

　底空間 $P^n(C)$ の1点∞の逆像すなわちファイバーは

$$\pi^{-1}(\infty) = S^1$$

であり，S^1 は 1 次元ユニタリ群 $U(1)$ に等しい

$$S^1 = U(1)$$

ので，主ファイバー束

$$(S^{2n+1}, \pi, P^n(C), S^1)$$

の構造群となっている。

　したがって主ファイバー束の定義により

$$S^{2n+1}/S^1 \cong P^n(C)$$

が成り立つ。

　欲動の数理メタファーとして多様体 S^{2n+1}，構造の数理メタファーとして構造群 S^1，欲動を構造が分割することによって決定される人間という仮象の数理メタファーとして商空間 $P^n(C)$ を考えれば，主ファイバー束

$$(S^{2n+1}, \pi, P^n(C), S^1)$$

は，フランス現代思想を的確に表現する数理メタファーとなっている。

　人間という仮象の数理メタファーは商空間すなわち射影空間である。したがって人間は欲動を構造が分割した影に他ならない。「人生はたかが歩く影，哀れな役者だ Life's but a walking shadow, a poor player」〔Macbeth：5.5〕。

第**9**章

受動性，数理メタファー，生きられた時

1　数理メタファー，他の読み，実証科学
2　生きられた時，過ごされた時，民主主義
3　受動性，私の愛，能動性

1 数理メタファー，他の読み，実証科学

　本書のテーマはフランス現代思想の数理メタファーだった。ある思想，ある言説のメタファー分けても数理メタファー métaphore mathématique とは何か。メタファーとはある事態をそれとは異なる他の事態によって喩える，表現することに他ならない。たとえば「パウロはライオンである」と言う。もとよりパウロはキリスト教最初の宣教者であり，ライオンである筈もない。そのパウロをライオンであると言う。このときライオンはパウロのメタファーである。

　フランス現代思想は差し当たり日常言語で語られた哲学である。欲動も構造も仮象も日常言語から採られた概念である。この概念群を数理言語で喩える，表現する。それがフランス現代思想の数理メタファーである。本書では欲動を多様体，球面に喩え，構造を構造群，リー群に喩え，欲動を構造で分割した仮象としての人間を商空間，射影空間に喩えた。多様体，球面，構造群，リー群，商空間，射影空間が欲動，構造，仮象の数理メタファーである。

　本書第1章で，書かれたテクストは読まれることによって完成する，したがってテクストはその読みが書かれることによって新たな読みに開かれていくと述べた。あるテクストの数理メタファーを詠むことは，そのテクストのもう一つの読み，他の読みune autre lecture を示すことに他ならない。数理メタファーを詠むことは読むことの一つの在り方である。日常言語で書かれたテクストを数理言語のメタファーで詠むことによって読む。僕の

読むという作業はそういう作業だ。

　この数理メタファーをある対象の数理モデルと重ね合わせたくなる向きもあろう。なるほど数理モデルは数理メタファーの一つの在り方であるとも解釈できる。しかしそう考えた場合，即座にその数理モデルの妥当性，その数理モデルが対象の適切なモデルとなっているか否かが問われよう。およそ実証科学 science positive と呼ばれる営為は，自らのモデルの妥当性，自らのモデルが対象のデータによって差し当たり偽ではないことが実証され続けられることに自らを賭ける営為である。

　しかし数理メタファーの妥当性は，数理モデルと同様に，対象のデータによって検証可能なのだろうか。言説の妥当性は，対応するデータによってのみその真偽が判定されるのか。データによる検証とは全く異なる妥当性判定の方法が存在するのではないか。

2　生きられた時，過ごされた時，民主主義

　数理メタファーが妥当であるか否かは，そのメタファーが対象である僕の経験をいかに適切に表現しているかにかかっている。そもそも数理メタファーの対象はフランス現代思想の概念群であったが，そのフランス現代思想の概念群，欲動も構造も仮象も，僕の極私的な経験である，愛 amour と読み lecture と過ごされた時 temps passé を哲学的に把握するための概念群であった。したがって数理メタファーの妥当性は，僕の極私的な愛の経験，読みの経験，過ごされた時の経験をいかに適切に表現しているかにかかっている。

こうした妥当性判定の方法は，僕が発見したわけではない。ヨーロッパ思想史においてこうした妥当性判定の方法は，ニーチェに端を発し，ベルクソンを経由して，ドゥルーズに連なる生の哲学 philosophie de la vie の伝統，それとは多少趣を異にするフッサール以来の現象学，生世界 monde de la vie と，それを継承したメルロー＝ポンティの生きられた世界 monde vécu の系譜に見られよう。本書ではベルクソンとフッサール双方の影響を受けて独自の生きられた時 temps vécu 論を展開したウジェーヌ・ミンコフスキー Eugène Minkowski ［Minkowski, 19-22］を推奨したい。

僕の生きられた時がその数理メタファーの是非を判定する。僕の愛，僕の読み，僕の過ごされた時が，それを多様体，球面，構造群，リー群，商空間，射影空間で表現することの適切さを判定する。したがって適切な数理メタファーは人の数だけ存在する。

ここできわめてありそうな誤解を解いておこう。たとえば僕の過ごされた時がそれを商空間あるいは射影空間で表現することの適切さを判定すると言った時の僕とは何かという誤解である。

ここに言う僕はデカルトの言う自我ではない。すなわち僕は合理的な意識でも選択する主体でも自由な魂でもない。僕は欲動に駆動され構造に構成される受動的な身体である。霊魂ではなく身体，それが僕である。したがって生きられた時とは僕が身体として生きられた時である。だから生きられた時は受動態であらねばならない。生きられた時は自我が意識的に主体的に自由にすなわち能動的に選択した時ではない。生きられた時は受動的に過ごされた時である。

　さて適切な数理メタファーは人の数だけ存在すると言うと，必ずこう考える向きがおられよう。では真理は何処にあるのかと。前節で述べたようなデータによる検証の道は閉ざされている。いわゆる実証科学においても，科学理論がデータによって反証されるケースは実は稀であり，科学理論は科学者集団のラング，構造，科学哲学で言うパラダイムに過ぎないケースがほとんどである。その場合，何が真理を担保するのか。それは科学者集団の合意，真理の民主主義 démocratie de la vérité である。

　まさか真理が多数決で決まるものかと思われるかも知れないが，この真理の民主主義は英米圏の科学哲学では真剣な議論の対象となっている。本書の言う真理論，数理メタファーの妥当性は僕の生きられた時によってのみ判定されるとする考え方は，この真理の民主主義に真っ向から抗う。たとえ科学者集団の僕を除く全員が多数決で真理を決定しようとも，僕の真理は僕の生きられた時によってしか決定しえない。民主主義に僕の人生は奪えない。では実証科学に抗い民主主義に抗う，この戦いに何かいいことはあるのか。

3　受動性，私の愛，能動性

　人間は欲動に駆動され構造に構成される受動的な対象であった。受動性 passivité とは，感じる，受ける意味の語幹 -pass- から派生した形容詞 passif の名詞形であり，情熱し受苦すること passion と同根の言葉である。人間はまさしく欲動を感じ情熱し構造を受け受苦する受動性に他ならない。

この人間了解が，人間は無意識の欲動から自由な意識であり，社会的無意識の構造から自立した主体であると考える人間了解と真っ向から対立することは明らかである。人間が自由な意識を有する自立した主体であるとする人間了解は，人間が能動性 activité であることを称揚する人間了解に他ならない。

　この人間は受動性であるか能動性であるかを巡る人間了解の対立は広く深い射程を持っている。僕の愛 mon amour を反省してみれば，そもそも僕を駆動する欲動は何処から来たのか。僕を構成する構造はどこから来たのか。言うまでもなく欲動は個人的無意識として僕に内在し，構造は社会的無意識として僕に内在する。しかしそれら欲動も構造も生まれながらの僕の身体に内在していたのでは全くない。生まれながらの身体がその生み落とされた社会と接触するただ中で欲動も構造も僕の身体に住み着くことになったのである。

　それでは欲動と構造は何処から僕の身体にやって来たのか。思えば市場とは欲動の交換される場所であった。経済学者は欲動が先行してその後に市場で交換されるという絵を描きたがるが，事態はむしろ逆である。市場における欲動の交換が，そこに生み落とされた身体に欲動を喚起する。すなわち僕の欲動は僕の身体が市場のただ中に生み落とされることによって市場から備給される。市場こそが僕の身体に欲動を言い換えれば需要を覚醒するのである。

　再び思えば慣習，慣行，慣用が構造を生成するのであった。僕の生み落とされた社会の慣習が僕の身体に構造を教育する。こちらの方はあまりに当たり前なので言うほどのこともない。僕の欲

動と構造は僕の身体が生み落とされた社会の市場と慣習によって
与えられる。人間はまさしく社会的身体すなわち市場的身体であ
りかつ慣習的身体である。

　これに対して人間の能動性を称揚する人間了解は何をもたらす
か。実証科学は人間の能動性の精華である。実証科学は自らの知
識がその対象データを能動的に採取することによって検証される
と考える手続きである。したがって実証科学はデータによって検
証された自らの知識を，たとえば市場への政策的介入に応用しよ
うとする。市場におけるある政策与件を変化させれば市場にいか
なる変化が生じるか，その帰結をデータから予測し，政策の効果
を検証する。

　民主主義もまた人間の能動性の謳歌である。社会の慣習，慣習
法に「改革」が必要だと考えられるならば，民主主義的手続きに
よって新たな立法，制定法を作ればよい。「改革」こそ，新立法
こそ社会に向けられた人間の能動性の発露である。

　しかし実証科学の応用としての市場への政策介入に果たして効
果はあるのか。民主主義による新立法，「改革」によって果たし
て新秩序は生じるのか。グローバル市場における滔々たるモノ，
ヒト，カネの奔流に，政策介入など呑み込まれ何の効果ももたら
さないのではないか。慣習国際法の支配の下に，民主主義的制定
法たとえば日本国憲法9条2項など何の効力も持たず，個別的又
は集団的自衛のための戦力保持は合憲と解釈されるのではないか。
人間の能動性など自生的秩序としての市場と慣習法の前に全く無
力なのではないか。

　結局のところ，実在しているのは市場と慣習法，それと市場に

駆動され慣習法に構成される受動性の身体のみであって，実証科学を応用した市場への政策介入も，民主主義に基づく制定法による新秩序も，それらを合理的にデザインし自由に選択する能動性の主体も，単なる幻想に過ぎないのではないか。人間の受動性の哲学が教えてくれるのはこれらのことである。したがって受動性の哲学のスローガンはこうなろう。「なるに任せよ，過ぎるに委ねよ Laissez faire, laissez passer（レッセ・フェール，レッセ・パセ）。」

文 献 一 覧

Chemama, Roland & Vandermersch, Bernard, 2018, *Dictionnaire de la Psychanalyse,* Paris, Larousse.

Deleuze, Gilles, 1968, *Différence et répétition,* Paris, Presses Universitaires de France.

Descartes, René, 2009, *Discours de la Méthode,* Paris, Gallimard.

Kelsen, Hans, 1952, *Principles of International Law,* New York, Rinehart & Company Inc.

Lacan, Jacques, 1966, *Écrits,* Paris, Éditions du Seuil.

Manin, Yuri I., 2007, *Mathematics as Metaphor,* Providence, American Mathematical Society.

Mashaal, Maurice, 2017, *Bourbaki; Une société secrète de mathématiciens,* Paris, Éditions Belin.

Minkowski, Eugène, 2013, *Le temps vécu,* Paris, Presses Universitaires de France.

Saussure, Ferdinand de, 2016, *Cours de linguistique générale,* Paris, Éditions Payot & Rivages.

落合仁司, 1987, 『保守主義の社会理論――ハイエク・ハート・オースティン』, 勁草書房.

――――, 2011, 『カントル――神学的数学の原型』, 現代数学社.

――――, 2017, 『社会的事実の数理――デュルケーム, モース, レヴィ=ストロース』, 勁草書房.

ケルゼン, ハンス, 2016, 『国際法原理論』(長谷川正国訳), 信山社.

シェママ, ロラン&ヴァンデルメルシュ, ベルナール, 2002, 『精神分析事典』(新宮一成他訳), 弘文堂.

ソシュール, フェルディナン・ド, 2016, 『一般言語学講義』(町田健

訳），研究社．

デカルト，ルネ，1997，『方法序説』（谷川多佳子訳），岩波書店．

寺田至・原田耕一郎，2006，『群論』，岩波書店．

ドゥルーズ，ジル，2007，『差異と反復』（財津理訳），河出書房新社．

マシャル，モーリス，2002，『ブルバキ　数学者達の秘密結社』（高橋礼司訳），シュプリンガー・ジャパン．

森田茂之，2005，『微分形式の幾何学』，岩波書店．

ラカン，ジャック，1972，1977，1981，『エクリⅠ，Ⅱ，Ⅲ』（佐々木孝次他訳），弘文堂．

索　　引

(＊は人名)

ア　行

愛した　2-4
生きられた時　2, 5, 41, 155-157
位相空間　12, 17, 69, 73, 78, 79, 90
＊ヴェイユ　10, 11, 37, 52
永遠回帰　53, 54
大文字の他者　6, 41-45, 47, 49, 84, 85, 123, 124, 142, 143

カ　行

概念　2, 5-7, 9, 10, 12, 13, 16-25, 38, 45, 52-57, 60, 61, 72, 73, 78, 154, 155
仮象　5, 8, 9, 12, 13, 16, 18, 48, 65, 66, 73, 84-86, 131, 143, 144, 150, 151, 154, 155
慣行　26-29, 32, 33, 53, 158
慣習　26-29, 32, 33, 42, 53, 54, 158-160
＊カントル　60, 61
慣用　26-29, 32, 33, 53, 158
記号　7, 19, 21-24, 27-29, 38, 39, 41, 44, 123
軌道　73, 76-78, 81, 82, 99, 100, 103, 104, 108, 111, 112
球面　13, 79, 87, 99, 100, 102-104, 108, 112, 114-117, 119-123, 126, 127, 129, 130, 134-136, 139, 141-144, 149, 154
鏡像　48, 49, 56, 84, 142
群　11, 12, 17, 69, 71-73, 76-78, 80-82, 90, 91, 95, 97-99, 103
＊ケルゼン　26

幻想　8, 33, 36, 48-50, 56, 64, 66, 143, 144, 160
　　——のマテーム　49, 50, 87, 142-144
交差帽　49, 50, 79, 87, 140-144
構造　5-13, 24, 66, 68, 69, 72, 73, 76, 84-86, 131, 142, 143, 150, 151, 154-159
　　——化　41, 43-46
　　——群　10, 12, 13, 47, 50, 81-87, 90, 99, 100, 104, 108, 112, 114, 121, 123, 124, 131, 140, 150, 154
　　——主義　i, 11, 12, 16, 19, 24, 28, 31, 32, 36-38, 52
　　——の概念　16, 17
　　言語の——　24, 25, 27, 28, 30, 44
　　社会の——　28, 31
　　日本語の——　29, 30
肯定　48, 58, 61, 63
小文字の他者　42, 48, 56, 142

サ　行

差異　7, 10, 11, 14, 17, 22-24, 26-31, 41-44, 57, 58, 60, 63, 66, 74, 75, 78, 81, 84
恣意性　20, 21, 29
自我　47-50, 56, 57, 63, 64, 84, 142, 156
時間の空虚な形式　55, 57
実射影空間　50, 134, 136, 138-140, 142-144
シニフィアン　18-20, 22, 41, 44
シニフィエ　18-22
射影　79, 81, 83, 100, 120, 130, 139, 144,

149

社会的事実　7, 17, 24, 25, 42, 43

受動性　i, 157, 158, 160

主ファイバー束　12, 13, 18, 73, 82, 84,
　　85, 87, 90, 99, 108, 121, 131, 140,
　　150

順序　68, 72-74

商空間　10, 12, 13, 47, 50, 75, 78, 82-87,
　　90, 114, 121-123, 131, 134, 140-143,
　　150, 151, 154, 156

数理メタファー　73, 82, 86, 90, 123,
　　124, 131, 142-144, 150, 151, 154-
　　157

過ぎた　2-4

図式 L　38-39

線型群　90, 92, 98, 104-106

　一般——　91

　特殊——　97

像　8, 48, 64, 65

＊ソシュール　i, 7, 9, 13, 16-19, 22-25,
　　27-32, 36, 37, 45, 52, 57, 58

タ　行

体系　2, 5, 7, 11, 17, 22, 24, 27, 28, 30,
　　31, 37, 58, 63, 66, 76

対象　3, 4, 6, 7, 17, 18, 25, 28, 30, 40,
　　42-45, 47-50, 56, 57, 69, 84, 85, 102,
　　142-144, 155, 157, 159

多様体　10, 12, 13, 47, 50, 78-87, 90, 97,
　　99, 100, 104, 108, 114, 116, 119, 120,
　　123, 124, 126, 129-131, 134, 136,
　　140, 141, 146, 150, 154, 156

聴覚映像　7, 18-24, 30

直交群　97-100, 120-123, 140-143

　特殊——　100-104

　分割——　140-143, 150, 151

＊デカルト　16, 53, 55-57, 65, 156

＊デュルケーム　17, 25

同一性　23, 58, 59, 63, 74, 75

同値類　12, 73-75, 77, 80-82, 122, 148

＊ドゥルーズ　8-10, 13, 16, 17, 52-55, 57,
　　58, 63, 156

ナ　行

ナルシシズム的自我　56, 57

＊ニーチェ　8, 9, 16, 18, 36, 52-54, 58, 65,
　　156

能動性　157-160

ハ　行

＊ハイエク　27

パロール　7, 28, 30-32, 43, 44

反復　28, 32, 53-57, 63, 66

否定　58-63

表象　44, 65

ファイバー　73, 78, 80-83, 100, 104,
　　108, 112, 120, 131, 140, 149

複素射影空間　144, 146, 148, 149

＊プラトン　8, 16, 23, 64, 65

＊ブルバキ　10-12, 37, 52, 68, 73, 82

＊フロイト　5, 6, 9, 16, 18, 36, 39, 40, 45,
　　48, 52-54

＊ブローデル　31, 32

分割　22-24, 41-50, 81, 83-87, 121-123,
　　131, 143, 150, 151, 154

　——された主体　45-47, 49, 87, 123,
　　142

＊ヘーゲル　31, 32, 58-63

マ　行

マテーム　10, 39, 40, 42, 44, 45, 47-50,
　　85, 87, 123, 142-144

見せ掛け　8, 9, 48, 53, 63, 65, 84

無意識の主体　6, 37, 40-45, 47, 48, 84,
　　85, 123, 142, 143

メビウスの帯　45-47, 49, 79, 87, 121-

124, 139, 141, 142

ヤ　行

ユニタリ群　104–109, 111, 131, 150

欲動　5, 6, 8, 9, 12, 13, 16, 18, 40–49, 53,
　　54, 56, 57, 63, 66, 73, 84–86, 131,
　　142, 143, 150, 151, 154–158

読んだ　2–4, 25, 37

ラ　行

＊ラカン　i, 6, 8–11, 13, 31, 33, 36–50,
　　52–54, 85, 87, 123, 124, 142

ラング　7, 17, 28–32, 39, 157

リー群　13, 77, 79, 87, 90, 97, 99, 100,
　　104, 108, 114, 154, 156

《著者紹介》

落合仁司（おちあい・ひとし）

1953年　東京都生まれ。
1982年　東京大学大学院経済学研究科博士課程単位取得退学。
現　在　同志社大学経済学部教授。
著　書　『保守主義の社会理論——ハイエク・ハート・オースティン』勁草書房，
　　　　　1987年。
　　　　『トマス・アクィナスの言語ゲーム』勁草書房，1991年。
　　　　『地中海の無限者——東西キリスト教の神・人間論』勁草書房，1995年。
　　　　『神の証明——なぜ宗教は成り立つか』講談社，1998年。
　　　　『ギリシャ正教　無限の神』講談社，2001年。
　　　　『数理神学を学ぶ人のために』世界思想社，2009年。
　　　　『カントル——神学的数学の原型』現代数学社，2011年。
　　　　『社会的事実の数理——デュルケーム，モース，レヴィ＝ストロース』
　　　　　勁草書房，2017年。

構造主義の数理
——ソシュール、ラカン、ドゥルーズ——

2020年1月30日　初版第1刷発行　　　　　　　　　〈検印省略〉

定価はカバーに
表示しています

著　者　　落　合　仁　司
発行者　　杉　田　啓　三
印刷者　　江　戸　孝　典

発行所　株式会社　ミネルヴァ書房

607-8494　京都市山科区日ノ岡堤谷町1
電話代表　075-581-5191
振替口座　01020-0-8076

© 落合仁司, 2020　　　　　共同印刷工業・新生製本

ISBN978-4-623-08816-4
Printed in Japan

遠藤　薫／佐藤嘉倫／今田高俊 編著
社会理論の再興

A 5 判・388頁
本　体 6000円

R. アクセルロッド 著　松田裕之 訳
つきあい方の科学

四六判・272頁
本　体 2600円

鈴木正仁 著
ゲーム理論で読み解く現代日本

四六判・240頁
本　体 2800円

納富信留／檜垣立哉／柏端達也 編著
よくわかる哲学・思想

B 5 判・232頁
本　体 2400円

早川洋行 編著
よくわかる社会学史

B 5 判・228頁
本　体 2800円

──────── ミネルヴァ書房 ────────
http://www.minervashobo.co.jp/